Free to Learn

华德福的幼儿园教育

自由地学习

[英] 琳·欧德菲尔德 Lynne Oldfield（著）

· 华德福必备入门经典绝版重印 ·

Steiner Waldorf Early Childhood Care and Education

中国青年出版社
CHINA YOUTH PRESS

中青文传媒

图书在版编目(CIP)数据

自由地学习：华德福的幼儿园教育 /(英) 欧德菲尔德著；王黛西译.
—北京：中国青年出版社，2014.9
书名原文：Free to learn: steiner waldorf early childhood care and education
ISBN 978-7-5153-2830-0
Ⅰ.①自… Ⅱ.①欧… ②王… Ⅲ.①学前教育－教育研究 Ⅳ.①G61
中国版本图书馆CIP数据核字（2014）第230357号

自由地学习：华德福的幼儿园教育

作　　者：[英] 琳·欧德菲尔德
译　　者：王黛西
责任编辑：周　红
美术编辑：李　甦
出　　版：中国青年出版社
发　　行：北京中青文文化传媒有限公司
电　　话：010-65518035/65516873
公司网址：www.cyb.com.cn
购书网址：zqwts.tmall.com　www.diyijie.com
制　　作：中青文制作中心
印　　刷：北京中科印刷有限公司
版　　次：2015年1月第1版
印　　次：2016年7月第3次印刷
开　　本：787 × 1092　1/32
字　　数：90千字
印　　张：6.25
京权图字：01-2014-0392
书　　号：ISBN 978-7-5153-2830-0
定　　价：29.90元

目录 | Free to Learn

序一 | Free to Learn

万物皆有时——早期教育的时机和动机

万物皆有时，每个动机都会有时机……

人类的生活总在不断地变化：时间的变化、季节的变换和观点的改变。鲁道夫·斯坦纳提出的华德福教育以自然、大地的节奏和生命的循环为核心。在这样的教育里，儿童可以自由地游戏，没有成年人的干扰。这一特殊的教育运动为儿童打下了坚固的基础，并于2000年在英格兰和威尔士得到大力推广。

华德福教育展现出的诸多原则，得到了众多早教工作者的认同：他们来自英国的公立教育系统、蒙特梭利幼儿园、民办幼儿园、游戏小组，或者其他的非主流教育机构。“自由地学习”意味着什么？“万物皆有时——让一切都发生在其应该发生的时间”这个观念很重要，需要好好地理解。“万物皆有时”来自《传道书》，我用这几个字做标题，因为它们捕捉到了教育的精髓：耐心。不是被动的等待，是主动的耐心，在正确的时间做正确的事。我曾经写道：让孩子在五岁准备好上学最好的办法是，让他们在三岁做三岁应该做的事，在四岁做四岁应该做的事。匆匆忙忙地让孩子去适应政策所引导的童年会给孩子带来不切实际的压力，同时也压迫着家长和老师。所以，我重申“万物皆有时”的重要性。

那么，作为教育工作者，我们应该思考哪些共同的主题呢？在该书中，琳·欧德菲尔德用很多案例分析来说明和解释这些主题：对童年的尊重、节奏和重复、安全感、连续性，以及分享对教育的理解。

读者会发现这些主题的内在联系。作为一名教师和研究英国早期教育的工作者，我必须对这些主题进行反思。

对童年的尊重

尊重儿童及其童年已经成为一项积极的事业，它不仅是一种价值取向，更需要时时刻刻的行动。孩子有需要就满足他们的需要，更重要的是，给他们“成为自己”的机会。这些都是我们为了表示对童年的尊重所必须做到的。该书中的许多范例体现出华德福教育对三岁以下儿童的护理和教育的原则，以及让孩子进行不被打扰的探索性游戏等。早教课程应尊重儿童，将儿童视为有能力的学习者，这一切都取决于富有责任心的、头脑清楚的成年人，他们知道自己扮演的角色，以及为什么要这样回应孩子。早期教育中，尊重童年就意味着实践有了理论依据；孩子需要与对自己有充分了解的成年人一起玩耍和学习。

节奏和重复

日益受到重视的“情商”，有时被称作“情感素养”，主张给予儿童充足的支持和滋养，让他们在各个方面表现出自己的文化素养——身体，精神，大脑。这并不是过早地“强制灌输”各种知识技能，而是提供环境，重视和培养多种方式的思想和情感的沟通。情感素养首先要认识自己，然后了解别人。在华德福幼儿园中，感知能力与自我存在的安全感通过每天的节奏和日常活动的重复不断得到加强。

节奏和重复是很多成年人体验世界的一部分。比如，宗教的神圣仪式为我们的崇拜提供了具体形式。通过虔诚的冥想、朗诵、祈祷、忏悔、禁食、庆典和纪念仪式，我们和心灵相通。我们在这些古老的仪式中找到安全感，这种虔诚忠诚的安全感是每个人生活的一部分。

从很多成年人对“常规”的依赖中，我们可以理解节奏和重复在日常生活中的重要性。很多成年人的一天开始于简单而重要的一刻，也许在起床前听一段特定的广播节目，起床后烧水煮早饭，放猫咪出去，等等。假如这种重要的“常规”被意外打破，比如闹钟坏了，一天的节奏将混乱不堪。因而，对于儿童来说，知道接下来要做什么更加重要，他们通过和其他人的互动游戏接受新的挑战，通过重复的活动获得安全感。

安全感

情感上的安全感产生于节奏和重复，但孩子同样需要我们保护他们免受身体的伤害。在2001年7月的一份周报上，我发现了四篇文章，每篇都用了半页的篇幅讲述我们这个世界变得多么可怕：在萨拉热窝，孩子们在被贫化铀污染的子弹坑里玩耍；在伦敦的一所公寓里，一个八岁的小女孩受到凌辱、殴打之后被杀害；麻疹、腮腺炎、风疹疫苗在英国引起了争议，因为其可能导致孤独症；在菲律宾，一个六岁的男孩遭到绑架。电视新闻和报纸上经常报道这些问题，以至于我们变得麻木，不再感到恐怖。对健康安全的威胁随处可见：疯牛病、转基因食品、移动电话、免疫接种、交通污染、海洋和河流的污染，等等。

儿童一直都需要保护，但是过去的一个世纪给他们的健康幸福带来了新的威胁。罗伯特·欧文于19世纪初在新拉纳克建立了第一所婴幼儿学校，为工人子弟设立了温暖的避风港。学校不仅满足了他们身体的需要，也满足了他们智力发展的需求，而且保证孩子有玩耍的地方。20世纪20年代的麦克米伦姐妹开办了“新鲜空气”幼儿园，保证孩子健康的同时也致力于促进他们的学习能力。新鲜的空气、可口的食物和清洁的环境保证了这些来自不列颠群岛贫民区孩子的健康。很多孩子因为贫穷遭受着佝偻病和营养不良的折磨。

可以说，苏珊·伊萨克推动了人们对儿童教育的思考，包括他们在游戏中表现出的巨大的模仿力和想象力。她给我们留下一笔宝贵的财富：1924年到1927年之间，在她的啤酒屋小学，通过仔细观察孩子的游戏，她认识到游戏对孩子的重要性。为孩子提供游戏的条件，同时防范游戏带来的风险，一直是20世纪备受争议的话题。尼克·丁博根在其1976年所写的文章“顽皮的重要性”中描述了孩子的父母那一代人曾经喜欢的户外游戏：没有人看管，做泥巴馅饼，到处自由地探索。他指出，现在的幼儿园用一小托盘的泥土制造出“泥巴地”，用饮水槽代替水坑和小河。当这些孩子成为父母后，不会玩耍的他们如何为自己的孩子创造玩耍的机会——真正的玩耍的机会。对于幼教工作者来说，这些问题非常重要，如何为孩子创造自由游戏的机会，同时保护他们，确保他们身心的安全。

连续性

在大多数孩子的生活里，家和学校是两个关键的地方。在这两个地方的体验的连续性对于幼儿来说特别重要，所以教师和家长之间的沟通对于孩子的情感和智力健康尤为重要。这是出于尊重和信息交流的需要。教育者有义务将他们的思想和教学活动与家长分享，而家长也有责任将孩子的需要、焦虑和兴奋点与教师分享。这并不是说家长要“美言”孩子的故事，但是所有和孩子有关的成人都应该知晓孩子的“状态”。这样，孩子的安全感可以得到保护和维持，学习可以在日常生活中持续进行。

分享对教育的理解

在英国，在世界各地，早期教育的方式丰富多样。最重要的并不是识别出最好的教育方式，而是通过对各种教育方式的理解，分享其教育准则，适合孩子的教育方式才可以得到成长的机会。比如，意大利北部的瑞吉欧·艾米利亚的早期教育理念有着很大的国际影响力。他的教育理念的基础是：孩子的权利，以及孩子交流和探索方法的多样性——这在艾米利亚的著作《一百种语言》（*The Hundred Languages*）中有所提到。艾米利亚的教育方式引发了许多研究和探讨，但并不能说，这就是最好的方式。如果每个国家都统一采用这种教育方式的话，那将是对儿童的不尊重，是非常愚蠢的行为。正如马丁·伍德赫德曾巧妙表达的一样，教育的品质受到文化的限制和认同。重要的并不是教育思想和实践活动的传送和输入，而是分享对各种教育方式的理解。

所有的早期教育工作者都应该了解教育的宗旨，基本实践活动和早期教育方法的指导思想。只有这样，我们才能为我们的工作和实践活动，也为接受早期教育的孩子们做出选择。分享对教育的理解并不意味着完全效仿一种教育形式，比如我提出的关于发展早期读写能力的教育方法和斯坦纳的幼教思想不相符合，但是这并不能阻止我学习斯坦纳的思考和行为方式，也不妨碍华德福教育工作者了解其他早教工作者的主要思想。分享对教育的理解不是简单地“克隆”一种教育模式，而是借鉴最健康的教育思想模式。对教育的共同理解，比如蒙特梭利、福禄贝尔、伊萨克等得到广泛提倡的早教模式，虽然表现形式不同，却都有着共同的根源：游戏的重要性、观察的重要性以及积极耐心的重要性。

童年的结构

我喜欢去这样的学校，那里有漂亮的花园，有树林，还有鲜花，花园的中央有个大大的池塘，那里的水很清凉，海豚在水里游泳……

这是六岁的玛莎梦想中的学校。学校应该是这样一个地方：那里存在和发生的一切都呈现出自然之美，蕴含着宁静、优雅和美妙。如果玛莎遇到英国皇家督学克里斯蒂安·希勒的话，他们之间一定会有一段有趣的对话，关于学校应该是什么样的，孩子们应该在学校里做什么。1946年，希勒用几大特征描绘了一个“好”学校的标准，他写道：

● 学校设有初级教育，不是为下一个阶段做准备，而是完成儿童发展必须经历的一个阶段；

● 学校以满足这个阶段为目标，但不应通过一定的标准得以实现，而是提供丰富的实践活动，让孩子在每个成长阶段得以健康地发展；

● 孩子通过语言、运动、音乐、绘画和手工表达他们的力量，也就是说，像艺术家那样表达自己；

● 孩子通过语言、观察、计算和肢体的使用来发展他们的力量，也就是说，像工人那样锻炼自己；

● 孩子要适应集体生活，以获得最大的优势；

● 孩子的实践活动取决于他们对运动和休息的需求，而他们在实践活动中的收获则取决于他们所付出的时间。

以上是我挑选出的希勒所认为的“好”学校的六大特征。作为皇家督学，希勒认为教育的基础是“成人所理解的”儿童的需求和能力，因此，他认为童年的时光应该是这样的：积极参与各种活动，乐于探索陌生的世界，同时受到成年人的保护。

21世纪初期，很多孩子的童年是按照成人定义的模式生活。华德福教育有着对童年的独特解读，追求创造性的生活和学习体验，以培养意志力的发展。所有的活动、课程、态度、组织、实践和责任都围绕着这一核心思想而进行。滋养孩子，滋养孩子的情感和认知，滋养孩子的身、心、灵，从而创造一种既挑战又保护孩子及其童年的早期教育模式。

自由的遗赠

1983年，卡尔·罗杰斯的名著《学习的自由》(*Freedom to Learn*)再版。在引言中，罗杰斯写道：

我相信，我们的教育系统无法满足我们这个社会的需求。我说过，我们的学校总体上来说是最传统、最保守、最僵化的官僚机构，永远拒绝改变。我坚持这样的观点，但这并不是教育界的整体现状。小众的学校得到了发展，他们有开放的课堂，为学生提供很多独立学习的机会——热衷于教育的教师和家长们进行了多种多样的近乎冒险的尝试。我推出此书的主要目的就是鼓励这些新的教育形式，他们带来新的希望，我们应该推动它们的发展。

当然，华德福教育并不是一种“新教育”，它已经牢牢扎根于20世纪初的教育史中，但当我们审视和分享华德福的教学传统和实践活动时，其教学方法呈现给我们一个新的重大发现。和别的教学方法不同，华德福的方法思路清晰而又脚踏实地。卡尔·罗杰斯的书开篇引用了阿尔伯特·爱因斯坦的话：

现代教育还没有完全扼杀儿童探究的好奇心，这简直就是个奇迹；儿童犹如娇弱的幼苗，除了外界的刺激（必须的养分）外，它需要自由的成长空间；否则的话，毫无疑问，它会走向堕落毁灭。

通过历史的馈赠、国际上的争论以及过去和现在的先驱们的不懈努力，那些致力于在早期阶段就将最好的一切提供给孩子的人，还在继续对课程设置和教育者的责任进行着讨论。如果我们从早期教育的历史中学到了什么的话，如华德福教育、蒙特梭利教育、学前早教机构、公立幼儿园、学前班、私立学校等等，不管何种教育方式，我们学到的一定是：成功的早期教育取决于健康的人际关系的发展。这种关系指的是：和别人一起学习，或者从别人那里学习，这些“别人”包括我们学习群体中的人，也包括更大范围的当地的、本国的以及国际的人。信息的传播和人与人之间的接触和交流（虽然有时候是“虚拟的”）使全球各地的早教工作者都可以和同人交流合作。历史的车轮已经驶入21世纪，我们没有理由无视他人的工作。通过彼此分享，我们继承了历史馈赠的自由，还有学习的自由、合作的自由、理解的自由和创造不同的自由。

万物皆有时……

卡西·奈特布朗博士

（谢菲尔德大学教育学院）

尊重童年

在过去的90年中，在很多不同的地方和不同的文化背景之下，从圣保罗的贫民区到南非的小镇，被称为“最温和的教育运动”的华德福教育为孩子提供了早期护理和教育。华德福幼儿园和学校一直努力为儿童提供最优质的教育滋养。由于当地的需要不同，各个地方的华德福幼儿园也不同，但是保持不变的是根深蒂固的信仰：童年的重要性；童年这一人生阶段不可匆匆而过，而是需要充分地体验，这是儿童的权利。

贯穿该书的信念是，儿童的早期学习意义深远，同时，早期学习体验的质量和数量同样重要。该书明确地表示，学习的方式，正如学习的内容一样，将为我们的未来设定方向，也许更好，也许更差。

做个孩子一向很难。无论过去还是将来，孩子无法安全度过童年的可能性都是巨大的。太多太多的孩子仍然忍受着贫困、忽视、疾病、遗弃和歧视。每个时代、每个地区都充满着对年幼的社会成员的各种挑战，这些挑战直接威胁到儿童的安全，我们这个时代也不例外。虽然我们的生活水平普遍得到了提高（吃得饱并不意味着吃得好），我们的孩子却面临着我们这个时代特有的潜在危险。在这个飞速发展的世界，越来越多的孩子感到压力和迷惑。他们的生活体验总是转瞬即逝。他们无法保持前进，生活在害怕、失败的恐惧中。我们这个高度竞争的社会无暇减轻他们的焦虑，这些孤单、沮丧和不幸的孩子极有可能成为叛逆的青少年。

在英国，儿童在四岁就已开始接受考试。难怪紧张和恐慌会成为英国独有的地方病。教育似乎已经成为低回报的事业，同时摧毁着儿童的童年。心理学家和社会评论家大卫·埃尔金德认为，儿童需要的不是“垂直加速”而是“水平扩展”。该书便是在实践中论证“水平扩展”的一种形式。

孩子承受的压力还来自过度与电子产品（电视、电脑、电子游戏）的接触，同时缺乏与自然环境的接触。今天的孩子都在哪里玩耍？他们在哪里探索这个世界，在哪里结交朋友，在哪里积极创造属于自己的世界，而不是成为被动的消费者？药物干预越来越多地被用于控制儿童的破坏性行为，但人们没有考虑到，儿童的破坏性行为是否因为他们旺盛的精力无处发泄？电视——即插即用的“毒品”——和其他的科技娱乐毁坏了儿童的创造力，消耗了他们的精力。这些科技产品虽然可以让孩子安静下来，给父母以休息的机会，但它们并没有真正满足孩子。表面上，孩子专注于游戏中，在“电子保姆”的看管下安静下来，但是他们的内心体验到的却是不满和失望。华德福学校的课程有意识地安排很多过去孩子课后经常参与的游戏（这一理念与现代生活似乎格格不入），没有电视或电脑，让孩子在自然环境中消磨时间。

这本颇具权威性的书描述了一幅关于无忧无虑、健康快乐的童年的画面，让人备感安心。它告诉我们节奏和安全感的重要性，童年早期感官接触的需要，以及孩子的生活中游戏的重要性。华德福教育模式建立在这样的基础理念之上：活在当下，是对明天最好的准备。

该书所呈现的思想观点与“童年联盟”（The Alliance for Childhood）的目标宗旨不谋而合，反对受压制的、人工化的童年经历。“童年联盟”的组织成员来自全球各地，包括团体、组织和个人。出于对童年的尊重，其成员共同努力改善儿童的生存状况。联盟认为，教育者需要用创新的思维方式看待儿童问题。该书的观点建立在经过百年考验的华德福教育系统之上，为社会各个阶层的儿童问题提供了创造性的建议和方法，该书中观察儿童的方式振奋人心，教育经验启发人们的思考。它识别并定位了家长和教师的关键角色，最重要的是它对儿童的珍视和尊重。这正是我们这个时代所需要的书。

萨拉·詹金森

童年联盟成员，曾任早期教育顾问，

英国华德福学校联盟成员，幼教教师，

《游戏天才》(*The Genius of Play*) 作者

前言 | Free to Learn

孩子的时间和空间

新的千年刚刚开始，我们对孩子寄托了很多的期待。这些期待成为各种各样的负担，孩子因此承受着巨大压力：正规的早期学习和评测、电子产品的诱惑、家庭的破裂、满满当当的课程表、被取代的游戏时间，孩子甚至在一周岁之前就开始接受全托。

一方面，孩子们不得不接受高速发展的文化和社会，如果他们不熟悉科技产品（电视、电脑、电子游戏），就会被认为是“落后”；另一方面，越来越多的孩子因为行为障碍不得不服用药物。太多的商品，太快地获得，然而孩子真正需要的并不多，他们真正需要的是作为一个孩子所拥有的时间和空间。孩子的童年不断地被毁掉，因为他们被迫急匆匆地进入成人的世界。童年的消失是当代社会的悲哀，因为我们不再理解童年的真正需要。

1762年，让·卢梭发表了《爱弥儿》。他试图确定教育对儿童发展的影响，教育对教育者（包括家长和教师）的需求——教育者需要自愿地承担责任。最为显著的是他提出一个新的概念，即儿童拥有一种权利，即成人必须将童年视为拥有独特发展规律和特质的一个人生阶段。

1840年，德国教育家弗雷德里希·福禄贝尔（1782—1852）开始使用美丽的词语“幼儿园”来描绘一个孩子的真正的乐园，在那里他们的童年受到了尊重。对于福禄贝尔来说，幼教师的职责是帮助幼儿克服所有的障碍，发展他们健康的个性。他非常清楚环境对幼儿潜能的实现具有决定性的影响，他对幼儿游戏表示极大的尊重，“游戏是儿童的自我教育”。

20世纪，童年再次成为两位教育巨匠毕生工作的重心，意大利的玛丽亚·蒙特梭利（1870—1952）和奥地利的鲁道夫·斯坦纳（1861—1925），后者是华德福教育的创始人。他们对教育的洞察力影响了整个世界，重要的并不是他们的教学方法，而是他们的教育宗旨和理念所推动的教学实践活动。人们常提到早教课程应该是富有意义的，从教者应当非常清楚他在创造特殊的教育环境，这取决于教师对儿童发展的深刻理解。

福禄贝尔、蒙特梭利和斯坦纳三位教育巨匠都强调幼儿积极爱动的天性，他们积极探索儿童通过自发的独立行为实现自我认可和自我约束的途径。他们对于如何支持幼儿行动的诠释和理解不同，但是他们对童年的尊重是一致的。他们同样高度认可儿童的灵性，而且对于鲁道夫·斯坦纳来说，这一点往往是幼教师看护和教育幼儿的出发点。

本书试图阐述华德福早期教育中“意志力首先发展”（will-first）的教学原则。华德福幼儿园的环境设置鼓励孩子“积极活动”而不是“坐着别动”，在孩子积极活动的过程中，他们呈现出专注力和自我控制这些可贵的品质。

本书的第一章提出了鲁道夫·斯坦纳的人性观，它是华德福教育的主要灵感来源。华德福的幼教师通过积极的实践活动，向我们展示出儿童最初七年中意志力的发展。之后介绍了其他重要的教学原则，比如如何利用模仿和节奏；如何通过感官滋养的引导，将意志力发展为自我管理；培养自我导向的习惯，为入学打下坚实的基础。后面几章介绍了一些华德福幼儿园或学校的独特经验。

本书所呈现的教育宗旨对于华德福教育和早教工作者来说并不新奇，在众多不同的华德福学校中，我们都可以发现许多共同点。我们感兴趣的并不是各个幼儿园或学校之间的差异，而是他们共有的教育理念，从而确认我们前进的方向。

1926年，鲁道夫·斯坦纳逝世一年之后，第一所华德福幼儿园开办于德国的斯图加特。在过去的20年中，这种教育模式得到了大规模发展。全球各地不断地涌现出新的华德福学校。做了40年的华德福教师之后，我的工作激情仍然被华德福教育的基本原则不断地点燃：儿童的健康发展。

孩子的模仿天性非常强，然而现在的孩子过多地接触电子产品，这对他们的行为起到强烈的负面影响。当我们观察到孩子的身心健康受到不良生活方式的影响时，稳定安全、富有节奏的生活方式更加值得我们珍视。科学研究证实，过多的影像刺激对儿童神经系统有着负面的影响，因此我们不得不对这种感官体验持排斥态度。儿童多动症和肥胖症问题日益严重，迫切需要我们从根本上认可儿童的天性。

作为一名资深华德福早教工作者，我的工作日益显示出：华德福教育经过百年历程后，不仅没有褪色，反而像导航明星一样指引着我们的家长和教师，用其最热切的努力、最自信的方式引导孩子迈向健康的发展之路。这种理想在我的工作中得到了激励，我在幼儿园每天都将这种理想付诸于实践活动中。

我希望本书可以在某种程度上激励幼儿家长勇敢地保护孩子的童年，给孩子一个健康发展的童年。

琳·欧德菲尔德

于2011年

面对童年快速消失的残酷现实，琳·欧德菲尔德默默地告诉我们，希望依然存在；她对华德福早期教育体验的精彩描述，以及对保护儿童失去的童年的努力，会令各类读者受益，包括家长、教师，甚至整个社会。这本书对那些关心儿童健康发展的教师和家长发出强有力的信息：我们仍然有希望！

海伦·普罗查兹卡博士

英国，蒙特梭利教育

1

2

3

Free to  Learn

第一部分 华德福的幼儿园教育体验

The Waldorf Early Childhood Experience

孩子是柔软的，它的身体是娇嫩的。太阳、月亮、风雨和寂静都会随时降临在它身边。孩子贪婪地吸收着周围的世界，不断地消化，从而成为它自己。

我记得小时候坐在家门前的台阶上，希腊的太阳照耀着大地，空气中弥漫着罗勒和柠檬的芳香。闭上双眼，我伸出双手，静静地等待。他总会如约而至——只要我仍然是个孩子。他从不欺骗我，他总会来到我这样的小孩身边，将玩具放入我的手中——太阳、月亮、风雨和寂静。虽然懵懵懂懂，我却知晓造物主的万能；我创造了我的世界，按照我的意愿。我像面团一样柔软，这个世界也是这样。

——《给格列柯的报告书》

（*Report to Greco*）

［第一章］

体验华德福幼儿园教育：从孩子、家长和老师的角度

· · ·

在一个华德福幼儿园里，孩子的体验以及这种体验在孩子身上呈现出的品质，被家长视为衡量或选择一个华德福幼儿园最重要的标准。

从孩子的角度

以下是对某个华德福幼儿园日常活动的描述。在不同的环境下，体验自然不同，比如，幼儿园的活动可能从户外开始，时间长短也可能不同。具体情况根据当地的特点和老师的自主性而有所变化，但是原则是相同的。

开始活动——呼气

从孩子跨进幼儿园大门的那一刻起，他们便进入了一种氛

围，他们受到邀请，积极地参与活动。他们很快要面对一幕幕“做事情”的场面——老师和孩子都充满了期待，他们都热爱“做事情”。

老师是所有活动的核心：安静沉稳，却充满了热忱和梦想，为了她的工作和孩子们的游戏。今天的活动是做面包，老师已经开始忙活了，准备面团、筛面、加水、和面，然后造型。这当然会吸引一群孩子，因为他们也想学。他们乐意帮忙，老师也提前准备了适合孩子使用的碗、勺子和围裙。几乎不需要什么指导和解释，孩子们也顾不上提问题，因为老师清晰合理的动作自然会告诉他们怎么做。不久后，屋子里充满了新出炉的面包的香味。

有助理老师会在另一张桌子上准备上午的加点。有三个六岁的孩子过来帮忙。他们洗手，取来他们专用的菜板、刀子和碗。在这样的群体中待了两年之后，他们所期待的是凡事采取主动的自由；井然有序的环境，每样东西都各就其位，使得他们的念头变为行动。给苹果削皮、切块，橙子榨汁，混合搅拌。接下来出场的是一块新洗烫好的棉布，罩着一碗麦片粥；各种用具被带到厨房的洗菜池里，清洗，擦干，放回原处。食物渣渣则拿去做堆肥。有些孩子会主动帮忙擦干净桌子，然后用蜂蜡打磨桌面，直至桌面闪闪发光。桌子准备好了，放好茶杯垫、碗、勺子、杯子、一瓶鲜花和蜡烛，每一步都小心翼翼的。椅子摆放好了，无论他们参与了哪一部分，孩子们都充满了自信，因为他们非常熟悉幼儿园的常规。他们每天都这样进行活动。

不用着急。孩子们感到他们有足够的时间来做好事情。

不用害怕。每个孩子都明确知晓幼儿园上午活动的节奏，重复和氛围。

没有失败。孩子们通过参与活动，获得体验和满足感，主动地学习，他们不需要惧怕失败。

无须指导。引领他们学习的，是孩子主动模仿老师的意愿。

教室里有着令人安心的、家一样的氛围，年幼的孩子很快便熟悉了环境，他们相信新的体验会给他们带来喜悦。老师像居家的父母一样，孩子们受到强烈的感染，会不由自主地跟随老师的节奏。他们在教室里组建了“家庭”，在这个神圣婚姻不复存在的时代，这种体验让孩子们获得很多安慰。在华德福幼儿园中，同一个老师会陪伴孩子三年，带给孩子们一致性、连续性和相互依恋的感觉，这些元素对年幼的孩子无比重要。老师非常了解孩子和他们的家庭，因而能有助于孩子的健康发展。失去父母的孩子，特别是单亲家庭的孩子，会在这个集体中得到很多关爱和宽慰。三岁的孩子仰慕六岁的孩子，六岁的孩子则会关照小些的孩子。

孩子都会以和他们的年龄相符的方式表达自我，然而他们也个性鲜明。三岁的孩子通常需要老师在身边宽慰他们，他们也会懵懵懂懂地观察，或者学习大孩子的活动。四五岁的孩子则会径直走向角落里的玩具，取回一堆盒子和几块木板。他们将这些盒子首尾相接，用绳子绑在一起；把木板一块一块地摞起来，椅子放到最上面，孩子会扮演火车司机，招呼他的朋友们："上车了。"

在老师的帮助下，有个男孩把桌子底儿朝天放在地板上，桌子的一条腿绑一把笤帚，笤帚的另一端系上一块小毛巾。桌子的四周都围上五颜六色的布，男孩搬来一把椅子，坐到中间，宣称："我要去钓鱼了，但我会按时回来吃点心的。"

两个六岁的女孩子将一张小桌子拖到一个角落里，用绿色的丝绸围巾罩住桌面。她们从附近的柜子里取出一个篮子，里面全是小布偶。她们把小布偶放入风景中，风景是由贝壳、小段的浮木和彩色的羊毛组成的。布偶戏开始了。"有没有人要看偶戏？"她们边问边搬椅子，放好，数一数。不够！她们还需要两把椅子。问题解决了，她们邀请一位老师讲故事，表演开始了。

几个六岁的男孩子和女孩子围着桌子坐着，用织布机编织。他们边交谈，边持续不断地工作，努力保证工作的时间。他们已经如此重复了几天。很显然，他们很专注，也很有毅力。同时，"火车"废弃了，因为司机和乘客尽兴之后，一块需要打磨的木头吸引了他们，这块木头将被制作成蜡烛台，为圣诞集市做准备。“司机”现在是一个“木匠”，一些四岁的孩子则取走了盒子，为他们的娃娃制作高低床。

为了这些在孩子心目中十分伟大的活动，教室早已准备好了一筐一筐的木头、鹅卵石，彩色的丝绸和棉布、丝带和绳子，还有孩子们打磨得油光锃亮的木板、盒子和架子——天然的材料准备好了，为了孩子们无尽的遐想和无限的热忱。

整理时间——吸气

一小时之后，在充满艺术气息的氛围之中，孩子们被允许自由活动，可以进行游戏和劳动。老师们开始在他们工作的地方，重新建立良好的秩序：衣服折叠放好，桌椅归位，玩具收起。布娃娃安然入睡，远航的小舟返航后停泊在港口。所有的孩子都能够识别出这些信号。“整理”时间要开始了，老师期待孩子们的帮助。老师开始唱歌，唱一首她总是在这个时段唱的歌谣：

> 我碰见了一个小矮人。
> 他说该收拾屋子了：
> 东西放好，放好，放好
> 擦干净，干净，干净——
> 就这样收拾屋子。

一些大孩子跟着老师一起唱，所有的孩子都参与整理，将所有的东西归位，为第二天的活动做好准备。这时候，教室里的每个人都是忙忙碌碌的。教室慢慢变干净了，东西全部归位了，开放的自由活动和游戏的时间结束了。老师开始带领孩子们进行晨圈。孩子们站在屋子中央，形成一个圆圈。孩子模仿老师晨颂，老师利用精心选择的诗歌、歌曲和动作为孩子创造充满想象力的体验。首先开始的是晨颂：

我像一棵高高的老橡树一样站立，

伸展四肢，仰望星空。

我想拥抱这个世界。

我们是一家人。

早安，早安。

孩子模仿老师。主题的选择取决于当下的季节。在秋天，他们从树上采摘苹果，他们时而变成蹦蹦跳跳采摘坚果的小松鼠，时而变成又高又壮的樵夫。孩子们的表演没有任何压力，也无须死记硬背那些歌词。经过几天的讲故事和晨圈之后，孩子们通过不断的重复，毫不费力地记住了歌词。语言表达能力得到强化，精细和粗犷的运动技能同时得到发展，对世界的认知和理解得到扩展，社交行为得到鼓励。

因为想象力的专注和被老师引导的轻松自在，孩子们感到了快乐，安全感得到保证——共同参与的经历对孩子们来说是莫大的宽慰。

孩子们以这样自然的方式，自由自在地聚在一起。点心时间到了，那是他们帮忙准备的点心，桌子也是他们自己准备的。他们准备好坐下来，但是得先去洗手间用带有薰衣草香的水洗手。回教室，找位子坐下来时会有短暂的喧闹，但老师会用一首小诗和点燃的蜡烛让他们沉静下来。

为了金黄的玉米，和树上的苹果；

为了金黄的黄油，和我茶中的蜂蜜。

为了水果、坚果和鲜花，它们漫山遍野；

为了小鸟、野兽和鲜花，我们每天都要感恩。

年龄大些的孩子分发食物和饮品，一种令人安心舒适的家庭氛围很快笼罩周围。他们一边享用食物一边交谈，孩子和孩子，孩子和老师。当一个做值日的孩子用杯罩将蜡烛熄灭时，点心时间就结束了；盘子和杯子放回篮子，准备清洗，椅子放到教室中央，准备好讲故事。点心时间也是“社交时间”，孩子的社交能力在点心时间的不同环节得到发展。故事时间也意味着上午的结束。

孩子可以利用如此多的机会采取主动，积极做事，练习并且扩展其词汇量，体验专注和自我管理，学习新的技能，并且领悟其内在含义。整个气氛是舒适的。日复一日，在一个没有压力的环境中，他们的自信心和自我控制能力得到发展。他们的这些能力，将有助于理解和宽容成年之后他们将投身的那个人类社会。

之后，为未来教育打基础的这个重要阶段完成后，小学老师将引导孩子们专注于算术和文学的世界。特别要指出的是：这些对于那些来自贫困家庭的孩子来说尤为重要，在他们学习读写之前，这些基本的技能如果没有掌握的话，他们的未来将更有可能遭遇失败。

户外活动——呼气

孩子们又可以进行自主游戏和活动了。他们已经准备好户外游戏的装备：草帽、手套、外衣和雨靴。他们将有更多的机会采取主动、自助和互助。这时老师需要多费些心，确保孩子们的着装合适——合适的帽子、外套，冬天用的手套，夏天用的草帽。孩子们再次体验到家庭氛围，大些的孩子会帮助小孩子，而小孩子则会努力效仿大孩子（六岁左右）的独立自主。

自主游戏在户外展开，户外场地设计的原则是鼓励创造性的游戏，让孩子尽可能地获得丰富的感官体验。孩子们会发现老师在这里继续他们热忱的工作，孩子们可以随时加入或者模仿老师，展开自主游戏和活动。

秋天，清扫的落叶被用来堆肥。有个助理老师带领着一群五岁的孩子打理蔬果花园。他们采摘了苹果，用手摇榨汁机制作新鲜的苹果汁，用果肉制作果酱。

我们在“大地妈妈的膝盖上”种植了球茎植物。老师有意识地、恰当地使用丰富而又有画面感的语言来滋养孩子的想象力，促进其语言表达能力的发展。老师的语言的质量非常重要。冬天快到了，一串串的花生挂在外面，等待捕食的小鸟。园艺工具被清洗干净，上润滑油，放入工具间，等待来年使用。

春天开始于孩子们发现第一滴融化雪水的惊喜。菜地已经翻过，随时可以种植。清洗羊毛，染色，老师将羊毛搓成线，大一些的孩子进行羊毛编织。

夏天的衣服在太阳底下晾晒，晾干后收入洗衣筐中，熨烫整齐，叠好。植物需要浇水，香草需要晒干，日后在点心时间用于做汤。

每个季节都为我们提供了独特的课程，以及大量扎根于实践活动中的学习机会。当然，这些活动在每个国家都有自己的特色。因为季节变换，伴随着不同的实践活动，孩子们不断发展着他们和季节的联系。周而复始的季节交替，每年固定的节日庆典，孩子们对活动的看法不断得到强化。工作和游戏相互交织，孩子们天生的热忱得到表达，受到欢迎。童年得到了珍视、尊重，孩子们被允许慢慢长大。

在室内，一筐筐的天然材料激励孩子们进行创造性的游戏；在户外，大自然为快乐又富有创造性的活动提供所有必需的材料。感官盛宴——味道、光线、声音、触觉，每次的户外活动都像一个庆典——泥巴馅饼、搭建小房子、修建水坝、堆建沙堡，还有探索的乐趣——蜗牛、瓢虫、蜘蛛网。一块长木板放在树墩上变成跷跷板，在和同伴的交谈中发展了语言表达能力，通过社交互动描绘自己的学习曲线。对某个安静的孩子来说，灌木丛之下也许构成了一个宁静、梦幻又私密的时刻。

四肢得到了伸展，体能得到锻炼，人际关系得以巩固。老师们开始收拾工具，收起独轮手推车和水罐。孩子们识别出这个信号，又到“整理”时间了。高筒雨靴脱下放整齐，外衣挂好，穿上室内鞋，洗手。大孩子会帮助小孩子。通过模仿和强化重复，孩子们建立了好习惯，这是他们成年后自律生活的基础。

故事时间——吸气

故事时间到了。椅子被摆成一个半圆——这是即将驶向“仙境”的月亮船。经过了热闹的户外活动后，孩子们都安静下来，变得非常专注。老师将一个点着蜡烛的灯笼放在她的椅子旁边。孩子们伸出小手，小船开始航行，因为故事里的歌这样唱：

> 仙女妈妈，你有银色的手，请带我走；
>
> 让我乘坐你银色的小船，静静地在水面漂流；
>
> 仙女妈妈，带我去你的仙境遨游。

老师再次借机培养孩子的敬畏心和好奇感——很多孩子身上缺乏这些品质。然后开始讲故事，从那句神奇的话开始：“很久很久以前……”传统的童话故事和季节紧密联系，为孩子提供丰富的语言体验，滋养他们的内心，培养他们对文学的热爱。故事开始的时候他们还有些静不下心来，但是随着故事情节的发展，他们越来越沉静，他们已经沉入故事的画卷。

故事结束了，老师特意留下片刻，让一切完全沉寂——寂静之声进一步培养孩子的专注力——小听众还在吸收故事的营养。蜡烛熄灭了。该回家了。

再见了，再见了——该走了，要不然就迟到了。

再见了，再见了——我们都要再见。

该走了，要不然就迟到了；

我们都出去，走到大门口——

再见了，再见了，我们都要再见。

从家长的角度

朱丽叶&麦克·威洛比夫妇（欧瑞拉华德福学校，澳大利亚堪培拉）

作为父母，我们认为，教育绝不只是教授学术技能。它需要全方位地促进孩子的发展——情感上、体质上、智能上和精神上。我们感到华德福学校以一种充满爱和关怀的方式，全方位地教育孩子。

在一个永远充满变化的世界里，为了生存，孩子需要内心的力量。他需要对自己的能力信心满满，同时能够驾驭社交活动。我们明白，无论对于成人还是孩子，生活在这个世界上压力巨大，孩子需要一个简单的、没有受到伤害的童年，以促进其强大内心的发展。

华德福学校做到了这些，每当一天结束时，我看到我五岁的孩子心满意足、安安静静地离开学校，我知道她在幼儿园里如鱼得水，非常开心。

我们也很欣赏教师的奉献和自我意识。他们表现出的沉静，他们对孩子的尊重，对于孩子和我们这些家长来说，是完美的榜样。

最后，华德福教育营造了一个完美的社区，包容了所有的家庭。虽然家长们对生活持有不同的哲学观点，但是我们大都渴望自己的孩子成为有感受力的、有爱心的个体，希望他们能够改变这个糟糕的世界。

苏·卡曼（罗斯布雷治华德福幼儿园，英格兰剑桥）

当我第一次进入一个华德福幼儿园时，我感到我回家了。在这里我的孩子能够自由自在地发展求知能力。他们不会被强求在早期教育阶段取得优异的成绩，因为那样会使他们过早地失去灵感和好奇心。他们也不会被要求一遍又一遍地掌握概念，那些概念是他们无论多么努力都无法掌握的。

在这里他们会慢慢建立起节奏感。他们会得知成人如何将麦子变成面包，木头变成工具，布料变成布偶。他们混龄，所以大孩子需要照顾小孩子，小孩子会仰慕大孩子并且模仿他们的行为。这里的生活充满了想象、好奇，和大自然与社区有关，但是无关乎数学和写作。

作为一个家长，我非常享受我在学校参与的活动：节日庆典、家长沙龙和其他的社交活动。孩子们看起来自重、自信，同时具备好奇心和创造性。这些是他们创造未来的工具，这比在很小的年龄学会读书写字要重要得多。当然了，几年之后他们也将学会读书写字；但是那些很小就学会读书写字的孩子将失去补偿童年的机会，他们的终生将会是"被动学习"，而不是"主动求知"。

苏达和拉维·马达哈雷（斯洛卡华德福学校，印度）

在印度，在孩子只有两岁半的时候，大部分家长会将他们送到主流学校里，幼儿园的孩子就要开始读书、写字和算术。印度的教育很昂贵，所以为孩子选择学校是个很重要的决定。如果让我们描绘理想学校的画面，那里应该是孩子能够不断学习知识的地方；那里既安静又接近自然；那里既充满探索的乐趣，又不乏求知的精神。那将会是一个社区，一个充满分享、给予和可持续发展的社区。这里的每个人都热爱孩子，尊重孩子的童年。

斯洛卡华德福学校给了我们接近梦想学校的承诺，而且从未让我们失望过。他们重视儿童的全面发展，情感的健康，孩子在老师的启迪引导下点燃人类精神的火种。这种教育让孩子可以成为孩子，慢慢地长大。

苏帕托·万良皮特克（潘月泰华德福幼儿园，泰国曼谷）

当别的幼儿园仅仅重视智力发展的时候，潘月泰华德福幼儿园致力于孩子精神和意志力的培养。在这里，孩子懂得了创造的价值——这在我们这个消费至上的社会非常重要。在这样的社会，孩子只是学习正确的答案，而不是提出问题或者探索问题。在这样的时代，错和对之间的界限越来越模糊，面对问题的时候，人们又如何能做出正确的决定？

因为社会环境的影响，孩子的童年变得更加脆弱，因而孩子内在的力量变得更加重要。我们通常通过感性和理性的角度看待这个世界，而在这里，孩子们通过信任和敬畏接触这个世界，我认为这远远比信息和知识重要。即使他们在未来遭遇复杂和艰难的问题，他们也会有能力解决问题，改变这个世界。

奇米科·米亚斯塔（泰斯卡·纳尼亚华德福幼儿园，马来西亚）

我是个日本妈妈，我有两个女儿。在日本，当我将大女儿送入幼儿园时，我关心的只是孩子的智力发展。因为丈夫的工作，我们搬到了马来西亚，我将我的小女儿送入了泰斯卡·纳尼亚华德福学校，这里有很多日本小孩，老师也是日本人。九个月后，我将她转入一家很有名的国际学校。在两周的试读期内，她很不开心，她希望回到泰斯卡·纳尼亚，所以我遵从了她的意愿。她曾经很害羞，很安静，而现在她很活跃，很热情。

她在华德福幼儿园得到了均衡的发展，老师以一种自然的方式引导孩子。这里没有过多的压力和精神创伤，我的女儿现在和她的同龄人在一起非常开心，她变得开朗活泼，充满自信，在学习的过程中不断地自我调节。

克瑞斯汀·郝佳斯·洛佐兹（尼肯日托华德福幼儿园，丹麦）

我们很幸运，就在我们的第一个孩子出生前，我们搬到了尼肯幼儿园的隔壁。我们选择它并不是因为它是个华德福幼儿园，而是因为我们感觉到这个幼儿园很特别。经过和幼儿园老师的交流之后，我们做出了决定。但当时我们还没有意识到这个决定意味着什么。尼肯日托华德福幼儿园绝不仅仅是一个当你工作时寄存孩子的地方。

为此，我们不得不缩短了工作时间，因为我们得在下午两点半之前接孩子。这对于我们来说很难，但是我们做到了，现在我们非常开心，感到很幸运。在尼肯，我们学到了新的知识，并且更加关注教育、健康和营养。很多的理念和实践活动充实了我们的生活，同时促使我们思考。首先，我们开始反思食品、医药、玩具和电视对现代生活的影响。对这些问题的看法，我们有时会很矛盾，我们可能在幼儿园做一套，回到家里做一套，但我们明白我们必须保持一致。最后我们做到了，因为尼肯的家长和老师对待这些问题互相坦诚相待，尊重彼此的观点。

幼儿园的很多活动需要家长的支持和帮助：打理花园，修葺校舍，制作蛋糕和面包，召开会议，组织节日庆典，等等。然而，这些“义务”不仅仅是工作，它们使得尼肯和家长之间建立了珍贵的联系。我们和很多家庭成了亲密的朋友，而且对老师也很了解。

当然，更重要的是，我们的女儿在那里度过了几年美妙的时光，我们也是其中的一部分。尼肯的稳定性和连续性带给孩子强烈的安全感和信心；在户外玩耍的那些时间和健康的食品极其有益于她的健康发展。那些庆典活动带来巨大的喜悦和丰富的经验。

然而，最重要的是，老师对孩子情感上的洞察和无微不至的关爱。当然，其他教育机构的老师也具备这些个人特质，但是我们确信华德福老师更加富有生命力，因为他们始终都在学习和实践如何关爱孩子。我们并不是说华德福教育是完美的。华德福教育的品质和不断的完善，取决于其教学原则和集思广益，不断发展自身教育理念的意愿。

玛格丽特·福克斯威登（蒙娜德诺克华德福学校，美国新罕布什尔州）

有人知道他们的孩子需要这样的教育，有人反对这样的教育。我们在两者之间。我们的邻居给我们推荐了华德福教育，我们在一个开放日参观了学校，这给我们留下了深刻的印象：

这种教育充满了童年的魔力和对童年的尊重。关于儿童发展的哲学听起来很有道理，我们也很认同儿童的全面发展——双手、心灵和大脑协调发展的理念。

作为一个华德福家长，我参与学校的节庆活动。我对“降临日”活动中肃穆、闪耀的烛光和新鲜绿叶的芳香心生敬畏。我也参与了五月节，我们用音乐、笑声和舞蹈欢迎春天的到来。我们回到家仍然继续庆典，将季节的节奏感带回家庭生活。

我看到也体验到孩子和成人努力地照顾别人和工作。孩子们的学习是“深入骨髓的”，这也激励我全力投入到自己的工作中。我和其他的家长一起学习和讨论，在自我发展的过程中，和他们一起作为成人、家长和主妇相互支持。

我们这些“华德福家长”中有各式各样的人——单身父母、全职父母、工作的父母、疲惫的和精力旺盛的父母。殊途同归，我们都成为华德福教育的一部分，我们建立了这样一个社区，将真善美的光芒不仅仅带给孩子，也带给我们自己。“华德福家长”的身份激励我们保持精神的自觉，抵制现代社会的各种诱惑。当然，我需要挑战自己，在自己的家中，再建健康的节奏，同时对自己和他人保有耐心，因为我们的目标一致。如果没有华德福教育的帮助，我是否会走到今天这一步？我不知道。无论如何，成为一个华德福家长为我提供了很好的环境和基础。

曼迪·贝尔（英格兰格洛斯特郡）

我的三个孩子中最大的一个上了华德福幼儿园，与其说是打算好的，不如说是偶然遇上的。我和我的女儿听从了新邻居的建议，去尝试他们的小组活动。开始时，我很困惑，因为它是如此与众不同——和我对学前教育的期待完全不符。一个字母都看不到！老实说，当时我认为这个学校很不靠谱。

但是我很快被吸引了，因为那里所有的东西都是天然的。孩子们没有任何表演的压力，这里的环境柔美和谐。孩子看起来和普通的孩子也没有什么不同！我一直倾向于将孩子送到主流学校去。我对于孩子在华德福幼儿园一直待到五岁感到忧心忡忡，因为那样她会错过学前班。在英国，越来越多的孩子四岁就开始上学。我知道她在华德福幼儿园里会茁壮成长，而且她还没有准备好上小学，但我也担心她在主流学校中，学习上会落后于其他孩子，而且在一个新的环境（已经形成的团体）里交朋友可能很难。

七年后，我的三个孩子都在公立学校就读，社会和学业方面都得到良好发展。他们都在五岁之后进入主流教育，其中的两个错过了学前班。我对华德福教育和主流教育能否和谐共存不再怀疑。我也不再怀疑推迟一年进入“正式”学校是否有益。我的孩子们已经给了我最好的证明。

莫丽奎·贝克（荷兰华德福学校）

我为什么为孩子选择华德福教育？因为在我第一次访问学校时，就十分欣赏学校的氛围。美丽的教室和能够激发创造力的天然材料制作的玩具——这几乎就是我幼年时代梦想的学校！在那之前我读了一些关于华德福教育的书。这些书深深打动我的是：华德福教育建立在孩子整体发展的基础上——不只是大脑，还有身体和精神。我不了解人智学，所以最开始我发现书中的观点让我很困惑，但是通过参加学校为家长提供的座谈会，亲眼看到那些观点被运用于教学中，以及在我对其日益熟悉之后，我认识到它的价值和对孩子的帮助。

我发现华德福教育真正地尊重、培养和保护学龄前儿童的自然天性发展，这与普通小学对待孩子的方式截然不同。它不是盲目推动智力的发展，而是培养孩子全面的发展。孩子自然的宗教倾向在这里得到了尊重，我十分欣赏这一点。同时，通过美的理想、惊奇和对自然的敬重，孩子得到滋养。我同样十分开心的是：在学校里，我发现一群抱有同样理念的家长，一起分享养育孩子的经验，一起努力工作，为孩子创造温暖、受保护的环境。

路易斯·凡·德·穆仁伯格（菩提树华德福幼儿园，英格兰格洛斯特郡）

我的女儿艾尔莎露娜三岁时来到这个幼儿园。这是她第一次离开家，参加集体游戏。那一次她学到的是如何在集体中坚持做自己。她也体验到了游戏的趣味性：穿着雨衣在外面跑，专心制作泥巴馅饼，建造“仙子花园”或者种下种子；和其他孩子一起在室内安安静静地听故事；磨面粉制作面包；亲手制作羊毛球；创建小的游戏；利用手边的柳条筐或者桌布进行游戏；在点心时间分享开心的时光，等等。她一直很快乐，因为她发现了朋友的关爱和挑战的乐趣。

我看到的是我的女儿在一个安静的、充满关注的环境中，通过游戏成为她自己。在那里，她被允许用自己的方式发展，没有“能成为什么”和“可能成为什么”的期待。她的内心惊喜于这个世界的神奇和美丽，她感受到万物的生长，感受到和别人在一起的喜悦——当然，有时得说“不”。

我的女儿露娜五岁时去世了。在她离开前，她写下了朋友们的名字。离开前，她一直在和她的娃娃做游戏、讲故事、唱歌。在华德福幼儿园的两年对她来说是重要的，丰富多彩的。我想我难以找到一个更好的地方让她享受生命最后的时光。

从老师的角度

安·夏福曼（创新教育中心教师培训员，南非开普敦）

我们的工作就是证明华德福教育可以在不那么富裕的地方开展，比如南非的城镇。确实是这样，我们做到了！当然，完全不像欧洲的华德福幼儿园，也不像我们所期待的那样。但是我们在用自己卑微的方式做一件重要的事，而且受到了关注。

然而，对于我们来说，最重要的是我们在孩子身上看到的成长和觉醒。我们想办法筹到了30套玩具：一个带有单元格的橱柜、布偶、羊毛毡做的小动物、布娃娃、布料、球果、贝壳和纺织品等等。在很多教室里，孩子们只是坐在那儿看着我们拆开玩具包装。他们看了又看，却不敢动一动。他们难以相信这些漂亮的玩具是给他们准备的。然后，我们请他们来玩，开始他们很犹豫，但他们很快获得了信心，兴致勃勃地玩起来。你可以想象，即使没有什么改变，能玩这些玩具已经使得他们表现出真实的自我，他们开始展现出孩子活泼的天性。在一些班级里，孩子们每天上午有固定的活动：晨圈、讲故事、偶戏、形线画、蜂蜡模型和湿水彩，效果是惊人的。

朱迪斯·李（欧瑞拉华德福学校幼儿教师，澳大利亚坎伯雷）

在从事二十多年主流的幼儿教育和教育干预工作后，我开始了我的华德福教育历程。在澳大利亚有一种可怕的趋势，越来越多的学前班剥夺了孩子玩耍的时间。孩子们被迫接受尽可能多的信息，长时间坐在电脑前，回答毫无意义的问题。但我发现华德福幼儿园承认童年是一个特殊的阶段，他们为孩子提供数年充满养分的、保护性的环境。

在华德福幼儿园里，孩子们慢慢长大——他们使用自己的身体，四肢渐渐变得强壮，从每天和每周的节奏感中获得安全感，感官在优美的环境中得到滋养，模仿成人做真正有意义的事；除此之外，每日的活动和节日庆典给孩子带来对季节、自然和生命的好奇和敬畏。华德福幼儿园承认和支持孩子存在的每个方面，是真正的全人的教育。

安妮·普瑞扎克（华德福幼儿园教师培训员，英国伦敦）

如果你有足够的时间进行深入的思考，从自己的兴趣出发和这个世界互动；如果你跳过一个个水坑，发现你每跳一步泥巴的变化；如果你连续一个月观察树上的瓢虫，注意它们何时飞去又飞回，想知道它们去了哪里，那么你就有时间解读自己的世界。作为一个孩子，你需要时间慢慢去探索这个世界，继而你会知道世界充满了神奇和魔法。童年是一个大厨，慢慢地用游戏和社交活动烹饪生活这道菜。

如果老师请你和他一起，将图形排列；如果请你说出单词“stop”的元音和辅音；如果请你在容器中装满水以测量容器的容量，请你说出“满了”“一半”和“空了”，那么你会发现这个世界是这样的：你只要满足老师的要求就可以。你学会以一种兼容的方式思考，学会对答如流。你学会给老师一个可以写在黑板上的正确答案。

我在新西兰开始了我的教师生涯，那里的人们依然坚定地相信创造性游戏。曾经有几年的时间，我在英格兰的一个早教机构任教。我看到孩子们机械地停下来游戏，那意味着一旦开始抽象的思考，孩子真正的游戏就要结束。因为孩子不能在真正游戏的时候进行抽象思考。老师每天的任务就是教授语文和数学。课程表看起来很平衡，但是阅读、写作和数学得到明显的重视。而且人们普遍认为“学习开始得越早越好”，所以四岁的孩子就开始学习数学。不到七岁的孩子整天忙着上课、排队、等待、站立和听讲。孩子“爱玩爱动”的天性根本得不到满足。

相比之下，华德福教育对孩子第一个七年的发展有深刻的理解。孩子可以沉迷于游戏中——认识这个世界，建立友情，学会等待、同情和友爱，创造性地表达自我，解决问题，学会坚持。孩子在各个方面受到滋养：身体的、情感的和精神的。游戏是他们的主要任务，因为没有游戏的童年不是真正的童年。如果我们拥有一代不会游戏的儿童，意味着社会的冷漠和理想的破灭。

理查德·豪斯（幼儿园实习老师，伦敦；亲子中心负责人，英格兰诺维奇）

我有着漫长的学术背景和心理治疗背景，我曾经作为专业咨询师工作过将近十年。我越来越感到创造一个尽量免受情感、精神和肉体伤害的童年世界，远比日后数年依靠一大群的治疗师“收拾残局”更加合理。这种意识指引我转去探究与幼儿相处的方式，从我探究的结果来看，只有一种方法脱颖而出，那就是——华德福教育。

对于我来说，教育首先基于对孩子的爱，对孩子自由的尊重，对他们内在智慧的认可。我发现，华德福教育的世界观和极富实践的教学方法，回答了我脑海中经常出现的关于孩子整体幸福的重大问题。

于是，我于1997—1999年接受了华德福主班老师的培训，并且全身心地投入了诺维奇华德福学校的创办工作。我坚信不管孩子接受何种课程，老师的“临场素质”（the quality of presence）至关重要；在我的华德福教师培训体验中，对无形教育的强调是非常独特的。华德福教育也很强调教师的个人发展——另一个独特的、无价的华德福教育特征。

总之，接受培训做这样重要的工作，我深感荣幸。

阿武恩乌图·查理门安蓬（潘月泰华德福幼儿园，泰国曼谷）

1997年，在为我的孩子寻找小学的时候，我就已经知道了华德福教育。阅读了一些相关的书，并且参观了泰国的华德福学校后，我决定将孩子送到那里学习。我很快发现这种教育真正强调孩子的内在发展，而不只是教师给学生传授知识信息。当时学校很小，需要老师，于是我作为工作人员加入了学校。

华德福教育不仅适合孩子，教师还能和学生一起学习和成长。作为一个人，我需要不断地发展自己。

玛利亚·蒙色本兹（幼儿园老师和农场工人，诺卢森多教育中心，南非卡叶利兹巴）

为了我们城镇里幼儿灵魂的需要，我接受了华德福幼儿教师培训。我相信这样的体验会为我们带回“非洲之根”，因为人类需要和自然接触，而这种体验正在城镇生活中消退。我想这是因为这里的人们经受着苦难。

讲故事的传统已经消失，被收音机和电视取代。曾经丰富多彩的故事（真正的灵魂分享）无人再讲。孩子们接触的是他们无法体验和想象的事情，所以他们为丰富自己的精神世界而不断地进行抗争。

我相信华德福教育可以修复儿童被摧残的灵魂。它很独特，也很有深度。华德福艺术化的教学方法揭示了人类的精神层面。将其种子播撒在非洲大地，当种子扎根于土壤中时，华德福教育这棵大树将有机会在非洲大地生存；即使遭遇恶劣的情况，它最终也定会开花结果。

我的幼儿园的孩子过来告诉我，天空有彩虹，非常美丽！我从来没想到城镇长大的孩子会注意彩虹的美丽，更不用说去赞美它……他们也注意到了鲜花，我几乎不敢相信！

里比·汉多考（蒙那诺克幼儿园教师兼家长，美国，新罕布什尔州）

过去的31年里，我一直在从事幼儿教育的工作。最近的18年，我在努力成为一名华德福教师。这么多年的经历告诉我，没有任何一种教育比华德福教育更值得我付出这么多年的时间。华德福教育帮助孩子发展强健的体质和天赋的内在特质，这正是21世纪所缺乏的。我们都遭遇过人际关系的分裂，生理和心理的不健全，环境污染，等等。在人类走向毁灭的边缘时，华德福告诉孩子要互相交流、合作、关爱，还要关爱我们赖以生存的大自然。

我们的工作是帮助孩子打造强健的体魄。孩子通过创造性游戏，建立内在的灵动性、想象力和喜悦。我们保护孩子免受过多的信息刺激，因为他们可以通过感官学习生活。成年之后，他们将会拥有健康的人际关系与和谐的自然环境。我们通过讲演、运动、诗歌和歌曲提高孩子的语言能力。这将有助于他们表达情感和体验。

夏拉吉·拉切瑞迪（海德拉巴特华德福学校，印度）

我们的学校开始于1996年，有23个幼儿园的孩子。加入学校之前，我已经做了八年的教师，我十分惊讶华德福学校能够在印度生存——在一个灵性非常活跃，崇尚古典哲学的国家。华德福的课程建立在另一套哲学体系之上，但是它注重实践的理念在印度很新鲜。我们在家里做礼拜和很多的宗教仪式。接触人智学之后，我开始理解我们为什么要那样做。我很吃惊我可以亲手做东西！

卡洛·科尔（索菲亚项目儿童项目负责人，美国旧金山）

在过去的四年里，我是拉斐尔之家儿童项目的负责人，那里是旧金山无家可归儿童的避难所。大部分孩子（85%）只有五岁或者更小。这个项目基于华德福早期教育理念，这些理念激励着这里的妈妈和孩子们，无论他们是长期或只是短期的停留。

华德福教育根植于人类的深层观念中。这个观念存在于我们每个人心中，具有深度、宽度和复杂性。通过渐渐地领悟什么是全人，妈妈和孩子们开始要求自己的人格尊严，他们开始疗伤。

与此相关的是各种人际关系的建立。这里的孩子和妈妈过去的生活支离破碎，几乎被社会隔绝。通过游戏、故事和艺术活动，孩子们与大自然、色彩、音乐和整个宇宙建立起联系。他们找到了自我，和整个世界连接起来。华德福教育帮助他们和生活建立起真正的联系，疗愈曾经受到的伤害。

孩子在不同的发展阶段应当建立相应的关系。华德福教育对这些阶段的划分非常重视。在儿童早期发展阶段，家长们应该珍视并且特别保护孩子的创造性游戏，因为孩子正在积聚内在的力量，学习以他自己的方式，讲他自己的故事。他们知道孩子需要内在的力量。家长们也会认识到模仿性游戏在儿童学习中的重要性；通过这些体验，他们开始重新呼吁重视社会环境对儿童的影响，因为孩子将不得不深入其中。通过体验华德福教育，妈妈和孩子开始重新呼吁人性的全面性。我们坚信如果我们继续的话，比如在一个健全有力的社区组织中发展工作，其治疗和社会功效将会增强。

迪娜·布鲁斯曼（阿姆斯特丹资助的斯洛卡项目教师，印度）

华德福课程给教育带来意义。在印度实践华德福教育，可以通过解析课程提升劳动者的尊严。学校的老师和学生讲13种母语，持有7种宗教信仰，但是这些多重文化都被华德福教育所包容。在一个教育只是简单的表演、记忆、竞赛和竞争的国家，华德福学校促使我们领悟教育背后的深层意义。

皮多斯·欧谢尔（华德福早期教育培训协调人，爱尔兰共和国）

华德福教育的无宗教或者多宗教理念在爱尔兰引起了特别的关注。北爱尔兰的教育因为教派分歧而四分五裂，能够将来自不同宗教信仰的学生集中在一起学习的学校屈指可数，好莱坞华德福学校是其中之一。

在爱尔兰共和国，华德福早期教育在很多社区中引起了积极的反响，这反映了爱尔兰民众教育理念的转变。很多爱尔兰血统家庭回到了爱尔兰定居，并且寻求新的教育方式和新的社会意识。华德福教育没有宗教或民族偏见，而是基于儿童发展，这反映出很多民众的心声，因为他们追求的是成为一个全人。

列吉拉·赫卡（华德福幼儿园培训中心，俄罗斯莫斯科）

我相信华德福教育带给俄罗斯儿童的是一个安全的地方，在那里他们可以安安心心地做小孩。过去的十年中，俄罗斯因为经济和政治危机而社会动荡。一个“普通的”家庭为了生存，父亲必须同时打两到三份工，母亲也必须打一到两份工。同时还要对付不断出现的麻烦。

俄罗斯儿童访问德国时，很吃惊地发现大部分德国的妈妈都有时间陪孩子玩耍。俄罗斯儿童最难忘的是那里的安静、安全、节奏，还有大人安心的陪伴。更重要的是，德国的教育体制非常先进，对早期教育的重视蔚然成风。

一个华德福幼儿园像是一个临时家庭。在很多幼儿园里，孩子全天都在（早8点至晚6点）园中。孩子获得安全感、关爱、温暖和接纳，老师通过富有节奏感、有意义的活动陪伴和引导孩子。

在华德福幼儿园，孩子有足够的机会进行自主游戏。通过积极的参与，他们的个性得到良好的发展。童年在这里是安全的，他们的内心积聚力量，为日后对付生活中的问题做好准备。

自发的创造性为孩子带来满足感。

1

2

3

Free to Learn

第二部分 华德福的幼儿园教育对健康发展的培养

The Cultivation of Healthy Development in Waldorf Early Childhood Education

[第二章]

华德福教育对健康发展的独特探索

· · ·

我们致力于发展自由的人，使他们获得人生的目的和方向。

——鲁道夫·斯坦纳

自由和独立

教育的核心应该是一个基本的问题："教育经历背后的意图是什么？"对于鲁道夫·斯坦纳来说，教育的意图和"人类的形象"是不可分割的，和儿童发展中释放出来的真正的人类品质（truly human qualities）也是不可分割的。因此华德福教育的核心问题变成"真正的人意味着什么"。

自由、责任和独立的原则是斯坦纳对社会变革的主要提议（见第十一章，"我们的历史根源：第一所华德福学校"），也是他崇尚的人类形象的关键特征。这两大指导思想——个体的、负责任的自由和对人性的探索——奠定了华德福教育的基础。

华德福教育实践可以从两方面来探讨学习：一方面，传授学生必要的知识和技能，准备好投身于大千世界中；另一方面，从个人幸福的角度出发，力求培养学生真正的人类品质，使他们能够知天命，达己任。

一个全面和长远的观点

华德福教育的成功与否应该由更宽泛、更长远的视角来判断，而不是以考试成绩和工作成就来评判。对华德福教育的评估需要以华德福学生的生活质量和个体品质的评判为基础。

很多因素——基因、家庭和文化背景、孩子的个性、成长历程——都对个人发展有着影响。华德福教育致力于营造平衡的、真正全面的教育实践，着重于三种形式的人性表达：意志力、情感和思考的灵魂力量，以促进儿童健康的发展。

一种协调发展的教育

华德福教育哲学认为意志、感觉和思考这三种灵魂力量是在特殊的发展阶段显露出来的。时机合适，或年龄适宜是华德福教育决定如何、何时、为何用教育唤醒孩子的重要因素。孩子的年龄和提供课程的方法同样重要。华德福教育拥有自己独特的课程，源自鲁道夫·斯坦纳给出的指导建议。

密切和深入的观察揭示了三大年龄段儿童的发展。华德福早期教育经验为后期教育的开展奠定重要的基础。

从出生到七岁，幼儿主要通过运动表达自己，而且对其神经感觉系统形成的环境的印象高度敏感。

从七岁到十四岁，孩子生活在自己的情感王国里。教学方法应多多关注他们的情感世界，以唤醒这个年龄段的热情。

当儿童进入青春期，他们的思想和理想的领域不断扩大。

在这三个重要的发展阶段，早期教育的教师将自己视为幼儿天性的支持。第二阶段的教师则努力加强和加深情感教育。第三阶段的教师需要迎合学生探索世界的精神需求。当然，这三个阶段在某种程度上会有交织，但是每个阶段的重点迥然不同。因而，华德福教育的长期目标之一是交织着意志力、情感和思考力的身心健康。

华德福课程也基于对儿童发展的理解。因而，儿童发展的基础并不是基于所安排的课程。教学内容和方法满足儿童的需要，而不是儿童满足课程的需要，这是一个很重要的差异。

第一阶段，教师努力成为儿童敏感天性的保护者；第二阶段，教师为学生的情感生活提供道德层面的指引；第三阶段，教师充当青少年学生探索思想和理想的伙伴。这种教育体验所期待的最终结果应该是学生能够成为这样的人：他们有能力以积极正面的态度生活和思考，伴随着稳定、丰富的情感天性，同时被强大积极的生活目的所支持。

一种为思想、身体和精神的教育

成为真正、完全的人意味着什么?

当代人对于人性的物质层面给予了太多的关注，比如遗传学和神经科学，它们确实值得我们关注，但人类的人性能否被物理术语解释清楚?教育的成功是否取决于可见的、可测量的学术表演和无休止的“成果”和“经济利益”?对于这些问题的不同的答案产生了不同的教育形式。

华德福教师认为孩子是一个可见的物质实体，拥有看不见的、内在的灵魂和永恒的精神实质。华德福的课程内容、教师的授课方式和教师对待学生的态度都承认人的“三元性”:肉体、灵魂和精神。在学校里，孩子不只被认为是遗传结构的产物，同样被认为是受环境影响的、独立的精神特性的表达。每个孩子的个性都得到了培养，同时鼓励孩子进行社交活动，培养强大的社交能力。

现代社会的困境

华德福教育意味着承诺捍卫人性，因为我们的物质社会对成功的定义是片面的，是对文学、数学和科学的量化。在华德福教育领域，“表现能力”绝不仅仅是认知能力，教师着眼于其教学的长期影响，而不只是短期效应。

华德福教育同样认为，我们现在所争议的对智力的片面定义需要一个根本的重新审视。一个所谓的“学业不佳”的学生可能具有卓越的社交能力；一个“学业优异”的所谓成功者可能情商低下，没有能力处理社会关系。华德福教育努力教育学生的各个层面，为他们在人类活动的各个领域打开成功之路。

融入艺术的教育

华德福教育更进一步的基本原则是：将艺术元素融入所有的课程。艺术不被视为独立的活动，而是作为一种素养进入所有学习和教学活动中。孩子艺术情感的发展被视作人性化过程中的一个重要方面。艺术活动丰富了孩子对自然的感知，有助于培养他们的情商。

艺术素养有助于提升人类发展所需要的智能和意志力，从而抵消我们天性中潜在的冷酷。鲁道夫·斯坦纳讲到人类整体视野的时候，曾经提到“内心的思考”（heart-filled thinking）和“思考的心”（thinking heart）是人类潜能的两部分。

华德福早期教育的核心准则

对早期教育的尊重是华德福学校总体设想中不可缺少的一部分，华德福早期教育可以是独立的。很多家长，自己选择或是受环境影响，在孩子完成华德福幼儿园教育之后将其送入主流学校。事实证明，如果孩子表现出足够的自信、恰当的社交能力和对学习的天生好奇心，这可以是个平缓的过渡，进入主流学校是没有问题的。他们已经受惠于从容不迫地进行正式的学习，而主流学校通常很早就开始学前班。

有些上华德福幼儿园的孩子会一直留到六岁之后才开始上小学。他们会有额外的一年接受华德福教育，这使他们有充沛的体力应付将来的阅读、写作和算术课的需要。

幼儿园教育体现了华德福教育的一般原则。从广义上来讲，这些原则如下：

- 提供基于儿童发展需要的体验；
- 承认儿童有身体、情感、认知和精神的需要；
- 认识教育过程的长期效应和短期效应。

此外，基于这些原则，华德福早期教育有自己特定的戒律，和第一个七年中，儿童的发展需要保持一致。这些准则如下：

- 保护儿童享有健康童年的权利；
- 保护儿童自然活跃的天性；
- 通过模仿和榜样教学；
- 利用节奏和重复，支持儿童的情感需求和学习体验；
- 提供足够的时间、空间和合适的设备，支持儿童创造性的游戏；

- 注意早期儿童感官体验的影响；
- 应对孩子社会环境和时代的需要。

接下来的几个章节将详细介绍这些基本的原则是如何体现在华德福早期教育中的，以及它们如何被纳入华德福幼儿园的日常实践活动中。

孩子一刻不停地在表达对“动”的需要。

［第三章］

以运动为基础的学习

· · ·

……儿童发展的第一个七年，强健的意志力是基础。

——鲁道夫·斯坦纳，《儿童教育》

这是一个早晨，家长和不满三岁的孩子穿过幼儿园和另一组三至六岁的孩子碰面了。现在是户外时间，两组孩子共享花园的空间，给家长提供了观察孩子活动中不断变化的天性的机会，从一岁孩子的蹒跚学步到六岁孩子有目的的活动——还有其他孩子有趣的活动。

一个两岁的小女孩发现了她身旁的一个小“池塘”，那其实是大孩子在沙里挖的坑。令她妈妈惊慌失措的是，她马上跳入了水中，鞋子、袜子和裤子全湿了。她用手掌拍打着水面，四处溅起水花。附近，几个三岁的小男孩在用铲子挖土；他们专注地挖呀挖，家长不忍心打扰他们。虽然在一起挖地，他们并没有合作，而且也看不出共享的景象。一个家长提着水罐走了过来，给一个小花园的植物浇水。男孩子们马上扔掉手里的铲子，开始帮忙浇水。

那些四五岁的孩子在远远的角落里，也在挖土。老师可以听到其中的一个说："咱们假装自己是农夫，这些石头是土豆。我们来种土豆，等土豆收获了我们卖土豆。"他们开始在土里挖出洞，将一块石头小心地放进洞里，然后小心地盖上土。15分钟后，老师回来的时候，那些石头"土豆"变成了"乌龟宝宝"，在参加龟兔赛跑。

那些六岁的孩子一直在玩什么呢？他们躲在一个角落里，抱在一起，轻声交谈着，好像在计划什么；经过商量之后，他们开始活动，要修建一个水坝。这是一个复杂的建筑工程，需要木板、纸盒子和石头。他们经过了讨论、合作和解决问题的过程，他们很清楚他们的水坝将会很棒，只要他们按照计划执行。

我们在这一连串的活动中观察到了什么？

显而易见，从一岁的孩子到六岁的孩子，他们活动的特性是不同的。两岁孩子的活动漫无目的，六岁孩子的活动则经过了精心策划。

幼儿对于活动的需要，以及这种活动如何受到自我控制，这显然是儿童早期发展中，最缺乏成人的理解和支持的一方面。

孩子活泼好动的天性失去了自我控制，被现代社会的各种设备所桎梏：电视、电脑、课后作业（早期阅读、写作、发音练习、测试）。而成人自我控制的需求失败后，他们会转而求助于毒品。有些孩子不得不被动接受这样的家长，有些孩子则通过破坏性的行为保护自己。这种行为在短时间内会引起我们（教育工作者）的误解。我们应该考虑长期的后果。社会的最大利益肯定得益于那些能够采取主动的个体，他们富有责任心，满怀热忱，积极，有创造力，有想象力。然而，这些品质已很难呈现在我们的孩子身上，因为受当代文化的影响，我们似乎急功近利，特别是在教育领域。

我们这些六岁的孩子为何可以做到自我导向，自我控制，专注工作？我们华德福的早教工作者如何使这种转变成为可能？

三岁以下的孩子——为了运动而运动

一位奶奶正在照看她两岁的孙女，后者在屋子里不停地活动。奶奶抱怨道：“光是看着她，我都累。”在一个家长孩子小组中有小婴儿和蹒跚学步的孩子，我们有很多机会可以观察婴幼儿的活动，显然，他们随机自由、毫无目的，但是精力旺盛！

孩子一旦克服了地心引力，开始迈出第一步，他们就开始随心而动，不知疲倦。为了运动而运动是这个年龄段最大的乐趣。两三岁孩子的想法会是简单的一厢情愿。这种运动最能表达孩子的意愿，他们具有令人嫉妒的鲜活的生命力。为了练习运动，他们需要足够的时间、地方和机会，当然得在成年人细心的看护之下。

这就需要成年人的责任心——我们并不需要不停地打扰孩子的活动，或者为其担忧，我们只需要保持一定程度的警觉和耐心——我们也会成为三岁之内小孩子运动的一部分。在这个年龄段，他们当然不可能控制自己活泼好动的天性。他们没有足够的自我意识，控制自己的行为。

这时候的孩子也高度敏感，习惯于感觉印象。周围的环境，周围发生的一切都会即刻影响到他们的心理和行为，当然，可能是正面的，也可能是负面的影响。我们现在还不能指望一个两岁的小女孩会控制自己玩水的冲动，她看到一个水塘是无法抗拒的！首先她会用脚去试水——好玩！然后她会用手拍打水面。她需要时间去变得更加清醒，更加自觉，从而控制自己的冲动。（她并不是“淘气”，她只是表现出和年龄匹配的行为。）

“讨厌的两三岁”——正常的反抗

在这个阶段快要结束时，他们的活动开始变得反复无常，我们通常称之为“讨厌的两三岁”。如果一个两三岁的孩子正在挖着沙坑，突然就推了一下他的同伴，或者其中的两个开始推推搡搡地抢铲子，老师不会感到奇怪。这些意志力和情感的突然爆发通常还伴随着尖叫，“不行”，“这是我的”，或者“我先拿到的”，而且最后难免会有人哭鼻子，或是大发脾气。鲁道夫·斯坦纳将这种行为解释为“自我发展过程中爆发的顽强猛烈的自我主张”。

发生了什么？孩子开始意识到事情不再那么简单，不能完全如他所愿，也要考虑别人的意愿，世界变得复杂了，比如妈妈的意愿：“你必须穿上外套”，或者其他孩子的意愿：“我也可以用那把铲子”。一下子出现了太多的问题，孩子的内心还没有做好准备应付这些问题。

我们要利用有节奏的命令转移孩子的注意力，给他们机会和空间模仿老师积极恰当的活动——这些可能引导他们度过这个自然的阶段。孩子不是暴君，暴君可能经常在他的王国里施暴，但孩子不是这样的；我们需要欢迎这个充满挑战的阶段，这是迈向自我认同的必经之路。孩子开始认识到自己是一个独立的个体，同时他也不得不体验成为群体（家庭、游戏小组、朋友圈）一分子的要求。这种调整对于成人来说都很难，何况对于三岁的孩子呢？他需要时间习惯这种变化，让自己对新的体验感觉舒服。

三岁的孩子一旦进入幼儿园，将可以利用很多的机会自然地进行模仿。教师必须不断意识到自己作为榜样被模仿（参见第四章）。老师将利用模仿作为教学工具，孩子那无序、不受控制的行为在老师的呵护下，逐渐转变为恰当、有意义的主题活动，以帮助孩子呈现自我控制能力。教师努力引导孩子获得自我控制和专注工作的能力，无须恐惧失败。富有节奏的重复的安抚效应有助于教师的示范。（参见第五章）

"四五岁的魔法师"——奇妙的年龄

在幼儿园的第二年，幼儿四岁或者五岁时，通过创造性的游戏，他们会获得许多值得注意、令人敬畏和充满想象力的表达方式（参见第六章）。他们现在可以安静下来，比他们刚入园时具有更强的自控能力。清晰的生活节奏和大量的模仿已经开始生效。

他们会将他们所见所经历的事物储存在记忆中，如去海边旅行，火车旅行，工人修路铺架管道的场景，家长准备饭菜的身影，等等。这些记忆连接着想象力和幻想——一种预备思考——将儿童引入下一个阶段，他们开始在虚幻的活动中表达自己，在孩子小小的内心中。

这是真正奇妙神奇的年龄，孩子是真正的魔术师。在其他任何年龄段，创造性游戏未曾对运动产生如此积极、健康的成效。意志力受到目的的引导，总有一些积极的事情要做：他们建造房子、制造火车、修筑水坝、搅拌“混凝土”；他们变成水手、妈妈、卡车司机、护士或者是熊；一段木头可以变成鼓、桌子、方向盘、火龙，等等。

华德福幼儿教师现在变成了创造性游戏的支持者——提供合适的设备、时间和场地。此外，她还要继续提供机会，让孩子们体验和见证可以存入记忆库的活动，以后的游戏可以从中汲取滋养。偶戏，讲故事，节日庆典，老师投入“家务活动”的身影——缝纫、烹饪、园艺、手工和修护工作，所有这些与生活相关的活动将被儿童观察和吸收，日后出现在他们的游戏中。

没有游戏的童年

近几年，华德福教育工作者开始加入其他的早教专家队伍，他们表达了共同的担忧，那就是当儿童进入重要的发展阶段时，他们的游戏渐渐被取消，取而代之的是算术、文学和信息科技。这些学术活动耗费孩子和教师的时间，给孩子安排的游戏时间少得可怜，或被换为美其名曰“结构性游戏”或者“趣味学习”——旨在促进数学和语文的学习，或是其他成人强加的意图。然而，游戏一旦被外界的影响（比如成人的干预）所指导、所控制，游戏就再也不是真正的游戏（参见第六章），游戏带来的回报也随之失去。

五岁之后——以思想为基础的活动

在幼儿园的第三年，也就是最后一年，孩子们快六岁了，他们的兴趣点出现了转折：从游戏转移到入学前的准备——他们欣然准备好了进入一年级的正式学习环境（参见第六章）。在之前的一年中，意志力已经在游戏中与想象力建立了联系，并且得到了表达。现在他们发现了一个新的“伙伴”——思想的世界。

当四五岁的孩子进入幼儿园的教室，看到一些木头盒子、木板和一筐五颜六色的布料，他们会回忆起他们曾经见过的小船，“我们来做一艘小船吧，你可以做船长，我来当鲨鱼！”当他们开始利用教室里的设备进行幻想的游戏时，这可能是他们的“现场评论”。

一个六岁的孩子可以达到同样的目的，但是通过不同的途径。他进入教室后，可能首先会寻找同龄的孩子，他们会进行几分钟的谈话，确定一个想法：“我说，我们建一艘小船吧。”然后他们会讨论需要什么材料，然后寻找合适的材料，分配每个人的工作，预测潜在的问题。最后他们的结论和四岁的孩子一样，他们需要木头盒子、木板和成筐的布料。（他们也许在今天进入幼儿园之前就有了这样的想法，也许在车上就说过，“我今天要和奥斯卡一起造小船”。）

四岁的孩子看到那些材料，那些木头盒子，想起记忆中的小船。相反，六岁的孩子本来就想着建一艘小船，于是他想办法筹集材料，组建工作小组，讨论，规划和谈判。随着这一以思想为基础的活动的展开，老师意识到孩子下一阶段的发展已经开始了。他们开始通过外在的思想表达意志力。这对于教育中的下一个阶段是个重要的基础——学校学习需要的认知能力。孩子正在准备跨越彩虹桥，进入小学阶段。

华德福早期教育的教师将会给学生提供很多机会，让他们参与以思想为基础的活动，这些活动具有明显的目的性。比如编织一个袋子，缝一个布娃娃，建一艘小船，用手指编一根绳子，用麻花辫编一根项链。并不是为了做成什么东西而做，而是为了满足儿童表达的需要，老师通过让孩子模仿来传授必要的技巧。意义和目的在现阶段非常重要，为一个以思想为基础的世界积累经验，在以后的学生生涯中他们将会不断地遭遇思想的冲击。

我观察过两个男孩子，他们都已经六岁，他们花了一个小时的时间，利用一座吊桥建造一座“城堡”。桌子、椅子、木头块——他们收集了这些东西，垒起来，正着放或倒着放，两个“建筑师”不停地交换着意见。机械法和建筑规则得到了实践，同时伴随着重要的社交技巧——合作、分享成果、轮流作业、欣赏对方的付出。当他们决定利用架子和床单建造一座房子时，两个人合作创造了卧室、厨房和花园。在这些创造性游戏中，他们的思想不停地得到扩展，越来越清晰；问题也不断地出现，继而得到解决。

孩子在他们的努力工作中体验了巨大的满足感和相当的自豪感。因而，华德福的幼儿教师感到没有必要这样要求孩子：“你这个工作还不算完成了，我现在要求你将你的工作画在纸上”，或者是劝说孩子反思和总结自己的工作经验：“你用了多少把椅子？如果我拿走一把，还剩多少把？”孩子有很多方式陈述自己的思想，而在现有的以书面工作为重点的教育气候中，很难得到重视。

以上描述的所有活动都是意志力的表达。

“意志力”是什么？

孩子们爬树，挖沙坑，发脾气，在充满想象力的游戏中表达自我；成人工作，努力加强自我约束，被激怒时保持自制，沉思时头脑清醒。以上种种情况中，有一种东西是积极的，有时候是外在表现，有时候是内在表现；有时候积极正面，有时候消极负面。这些内在和外在活动背后的动力就是意志力。

对于幼儿来说，这种意志力是无意识的，但非常强烈。对成人来说，意志力有时是无意识的，比如开车的时候，或者突发的暴力行为。但是即使无意识的意志力，也体现了“我想”的陈述。

在《人类的研究》一书中，鲁道夫·斯坦纳定义了“意志力”，概述了其被不断增强的意识所提炼和加持的特性。从最基本的、本能的和冲动的身体语言，到自我意识渐强、渴望承担责任的阶段，直到我们进入到自我实现、牺牲“小我”、表现出更高尚的精神意志力——从“我想”到“他想”。

从意志力的角度看，个人发展可以被视作正确行动能力的发展和越来越有意识的目的感的发展。鲁道夫·斯坦纳强调有意识的选择是人类基本的潜能，这种选择会影响我们的生命历程。意识是决定性的因素。

华德福幼儿教师受到的挑战是：“我如何应对七岁以下的孩子的无意识的意志力，以使得他们的意志力渐渐转变为自我导向的反应。”当然，我们还需要具有特别的责任心，“……为幼儿健康的坚强的意志力的发展打下基础”。

意志力的体现和身体的护理

意志力的实现需要一个健康的身体。幼儿感到疲倦，或者身体不适时，他们不会表现出强健的意志力活动。就像大脑是思考的物质基础一样，节奏系统（呼吸，血液循环）是情感生活的核心，四肢为表达意志力提供物质手段。华德福的幼儿教师小心看护幼儿，确保他们的身体素质不会减弱或者下降。暖和的衣服、均衡的营养、精心选择的感官体验、保护幼儿身体健康的姿势，这些都是幼儿护理的核心特征。

幼儿教师也要特别小心，避免任何“超前培养”（hot-housing）儿童的行为或态度；在幼儿从游戏活动自然过渡到思想性的活动之前，抽象的学习和超前学习是不应该发生的。

对运动的喜爱和专注力的发展

非常有趣的是，我们曾经普遍认为的“多动症”现在常常被称为“注意力缺陷”（ADD或者ADHD），区别在于运动困难和注意力困难。对于拒绝“付出注意力”的孩子，我们认为他们是失败的，这是否是一种歧视？当孩子按照成人的要求或者期待“付出注意力”时，对于他们来说却是奇怪的、不自然的，因为在他们正常发展的过程中，他们需要通过运动来探索世界，尤其对于男孩子来说。或者换句话说，孩子们通过运动来“付出注意力”，想想那些利用吊桥建造城堡的男孩子，他们工作时是多么专注。（因而，问题再次出现了，是成人的期待和定义有问题！）

让一组同龄的幼儿坐好，要求他们“保持安静”，专心于一些对他们这个发展阶段来说毫无意义的事情，比如学习字母表。于是，我们毫不奇怪地发现他们中的一些好像有“注意力缺陷”。或者，违背幼儿的天性，当一组四岁左右的孩子专心致志（他们的专注程度常常超出了幼儿教师的想象力）、满怀热情地进行创造性游戏的时候，老师要求他们“保持安静”，对于他们来说这是很讨厌的。经常有机会进行创造性游戏的孩子，可以毫不费力地过渡到需要专心致志学习的发展阶段。

随着早期教育对幼儿认知能力的增强，我们发现儿童运动功能障碍、行为困难的发病率也在增加。早教专家已经争论多年，对学习成绩的追求和以科目为基础的课程安排导致孩子还很小的时候就开始正式的学习。

有些孩子只有四岁，在完全没有准备好的时候，就开始了正式的学习。如果他们的语文或数学学习有困难，学前班的教师会非常焦虑。这些孩子（当然了，男孩比女孩多）还没有学会端坐或者正确的握笔姿势，他们会想尽各种办法对抗老师的调教，比如不停地从椅子上掉下来，或者在教室里跑来跑去。

一位曾经的小学校长伊丽莎白·爱奇库姆抱怨道："教师不得不花费很多的精力强迫孩子学习，但是他们最想做的却是跑来跑去。"伦敦国王学院的研究员凯特·帕尔认为："语文课最大的问题是学生需要长时间坐在垫子上，但是对于一些男孩子来说很难。有些孩子喜欢通过身体的运动来学习，包括整个身体的运动，而不是仅仅通过听觉或视觉。"

——《独立报》（英国），2000年9月

动的智能

华德福早期教育以强化和发展"动的智能"为核心，提倡通过个人经验参与学习，也就是内隐学习而不是外显学习。换言之，通过行动进行经验学习。这种学习方式顺应孩子爱动的天性，而不是强求孩子“乖，听话”。（一个四岁的小女孩告诉妈妈：“老师说女孩比男孩好，因为女孩子能乖乖地坐着，而男孩子总是不停地从椅子上摔下来！”）

“动的智能”还包括对运动的自控能力的发展，比如知道什么时候不能动，控制不当行为。这是在儿童入学之前需要具备的重要的基本技能，因为早期的自我管理体验是未来自我约束的基础。

从手开始学习，而不是从头开始

《泰晤士报》教育副刊于2008年9月12日刊登了阿里奇·希格曼博士关于双手和大脑发展关系的评论，“……无论校内校外，孩子们对双手的使用仅仅局限于敲击键盘和鼠标……在真实的3D生活场景中。为了认知和智能发展的需要，孩子必须使用双手，这是有神经学科学根据的。使用工具……会调动和强化一系列广泛分布的、高度集中的脑细胞，即神经元……为学习的大脑感知和传递复杂的信息时，孩子的双手特别敏感。”

保罗·杜里斯在他的作品《幼儿园之死》中写道：“幼儿通过对精细动作的掌握，比如绘画或剪纸，协调双手运动和视觉感知，据此可以预言他们未来的学术成就。”

等待“动”的许可

科学越来越严谨，但是我们并不需要小孩子具有大孩子那样高度专注、目标明确的行为方式。我们目睹了许多的孩子，在很小的年龄就开始了正式的学习，导致他们用于自我发现的时间和空间相应地减少。当孩子对于探索和实验的热情特别旺盛的时候，他们却要远离充满想象力的创造性游戏的王国。按照斯坦纳的教育哲学，这种实践活动（探索和实验）的长期匮乏可能导致未来自我责任感和自我方向的弱化，难以应对学习生活中的各种挑战。

成为自我引导、自我负责的人是华德福教育的长期目标。现代教育是否在错误地反复灌输学生被动依赖的习惯，孩子是否总是在等待指令才能积极地投入自我学习中？孩子们是否总在习惯性地寻求成人的许可，从而证明自己很努力？

点心时间——动的智能的开始

一天早上的点心时间，围坐在桌边的是三至六岁的孩子。一群三四岁的孩子恰好坐在桌子一边。一个男孩不小心从椅子上掉下去，然后开始“揍”他那把椅子，还说道：“真傻，真傻，椅子！”很快，所有和他同龄的孩子都故意倒在地上，敲打椅子，哄堂大笑。桌子的另一边，老师的身边坐着两个女孩（她们已经六岁了）。其中一个说道："我也想那样，可是我不能。"她的伙伴答道："我也想，但我也不能。"

这个事件说明了什么？说明三四岁的孩子还不能完全控制自己的行为。他们还不能坐在"司机"的位置上，驱使自己的意志力。他们很容易变得兴奋，失去控制，因为冲动而忘乎所以。模仿对于他们的影响力也很强。

而经过两到三年的发展，六岁的孩子可以控制自己凑热闹的冲动，他们也意识到自己有这样的能力。所以，他们仍然端坐在椅子上，继续吃点心。这就是道德活动的开始，也就是我们所说的"品行良好"。不是因为惧怕后果，或者为了博得赞扬（得到一颗星星），而是出于自我导向对事件的积极反应。因为这种觉醒的能力，老师可以肯定地说，"这些孩子准备好正式的学习了"，"而那些四岁的孩子还没有准备好"。

我们已经提到过，在孩子完全准备好正式的学习之前，他们对于早期的学习活动完全是被动的。在他们过早进入学校时，他们还没有掌握必要的社交和行为技巧，以应对新的学习挑战。在这种情况下，孩子会焦虑、紧张不安，而教师则要忙于对付这些麻烦的小孩，双方的学习和工作都毫无效率。而且，这些只是短期的效应；长期的效应留待进一步的考虑和研究。

幼儿教师可以给孩子提供足够多的机会，培养他们“采取行动”的习惯——对行动的热爱是鲁道夫·斯坦纳早期教育的基本准则。进一步培养孩子自我导向的习惯，通过创造性游戏他们会发现创造的乐趣，培养他们寻求创造性方案从而解决问题的习惯，培养他们寻求方案B（替代性方案）的习惯，这些是我们所处的时代特别需要的品质。

华德福幼儿园的孩子只会玩吗

幼儿教师和天性活泼的幼儿愉快相处，甚至可以制造一定程度的“混乱”，但是要确保可以控制场面。教师可以遵循这样的原则，但是必须考虑几个重要的问题。幼儿可以被允许通过自我导向进行自主游戏，但如果他们的意志力过于强盛，信马由缰，可能发生危险。幼儿的意志力会制造混乱，具有破坏性和“野性大发”，就连他们自己都很吃惊；对自我导向的热爱和自治的经验也很容易沦为自私自利，我们必须在自由和规则之间建立平衡。

华德福幼儿教师有两样“法宝”可以应付这些挑战，分别是模仿和榜样，节奏和重复。

[第四章]

通过模仿和榜样来学习

· · ·

有两个神奇的词语可以指导孩子与周围的环境建立联系：那就是模仿和榜样。

……然而，必须尽可能地考虑物质环境的影响。它不只包括儿童能感觉到的周围的物质，还包括环境中发生的一切。

——鲁道夫·斯坦纳，《儿童教育》

“模仿是一种绝对的需要……”

在第一章中，我们对某个幼儿园一个上午活动的描述中，列举了很多儿童模仿的范例，他们模仿教师、其他孩子，或者模仿他们过去的所见。

大多数教育活动都包括教师提供不同层次的榜样，通过导向和辅导来传达课程的目的和内容。对于学龄儿童来说，上课听讲是很合适的教学活动。然而，儿童在其发展的头七年中，自然地倾向于积极模仿。他们对周围环境中发生的一切非常开放，同时保持高度的敏感。儿童这些开放和敏感的特质结合了回应运动的倾向——结果自然是模仿这种行为。

模仿对孩子来说是印象的结合，来自外部世界和他们内心的意志力（参见第三章）。他们看见，受到影响，然后做出回应。在早期发展的阶段，他们无法孤立自己，对于感知的一切，无法不受影响。

因此，华德福幼儿教师会利用模仿作为教学手段，确信孩子会模仿，因为他们拥有与生俱来的模仿能力。鲁道夫·斯坦纳将此视为早期教育者最基本的职责。

这种教学手段既实用又有效，因为其与儿童的发展阶段相适应。认可儿童爱动、讨厌静坐和听课的天性。这个年龄段的孩子具有先天的，而非强加的权威感。

看护这样一群发展中的小孩，老师不得不调整自己的工作重心，参与或加入幼儿的兴趣活动，引导他们潜在的混沌的运动，找到正确的方向和目的。

教师配合幼儿的活动，而不是企图遏制幼儿的活动。在《孩子的方式》一书中，A.C.哈伍德写道："告诉孩子别动、别尝、别碰、别参与是徒劳的，他们会做自己想做的事，但是这样做会在他们毫无规则的内心，自然地植入法则权威。幼儿只会受制于绝对模仿的需要。”

模仿和榜样VS解释和指导

我们为什么认为模仿和榜样比解释和指导更为可取？从20世纪60年代起，家长和教师开始普遍实践智能教学方式，包括提问、选择、解释和指导，阅读、写作和在学前教育阶段使用计算机技术。

由于幼儿特殊的敏感性，感官刺激的“闹钟”加速了幼儿的自我觉醒，袭击幼儿娇嫩的神经感觉系统。很多幼儿拥有早熟的自我意识，身体方面的失调在不断增加——焦虑、疲惫、哮喘、湿疹、多动症和睡眠困难。

从这个意义上说，利用模范和榜样这种非智力的教学手段，易于接近幼儿梦幻般的、没有完全觉醒的意识状态。这符合幼儿发展的步调，而那些智能教学方式则适用于七岁之后的发展阶段。

使用模仿和榜样的教学手段迎合幼儿活动和学习的需要，同时保护幼儿的神经感觉系统。这种以活动为基础的、自发的学习模式将为他们终身的学习探索打下基础，因为模仿是主动的行为，这种学习习惯将是一笔巨大的财富。

信任，尊敬和依恋

幼儿利用机会模仿成人的行为显示了他们跟随成人行动的意愿。这种模仿会成为习惯，这种经历会培养他们对成人的尊敬、依恋和信任。这是道德教育的好机会，是为未来学习的极佳准备，因此，华德福教师会要求学生以各种方式效仿他们。

华德福的教师培训一贯强调教师的自我教育和自我发展，因此教师能够胜任作为榜样的重任，值得幼儿的信任和尊敬。

父母双双工作，托管的幼儿越来越多，越来越少的孩子能看到家长亲手做家务，更不要说让孩子参与其中了。所以，当孩子在幼儿园看到老师娴熟喜悦地做事情时，他的敬佩之情油然而生。“老师在做事情！”而当孩子被允许模仿教师的工作时，他会感到：“我也能做事情！”从而他的自信心得到增强。

同情心的培养

同情心是一种基本的人类素质，它表现出对他人的深切的关注，让人暂时忘掉自我利益。它是一种能力，“站在别人的角度”，通过他人的视角看世界。同情心驱使人类相互团结，是利己主义的解药。华德福教育认为，应将培养同情心这一人类素质作为和谐社会的基础。

模仿行为具有善解人意的天性，可以潜在地发展幼儿的同情心。鲁道夫·斯坦纳提到“利他主义的模仿”，因为在模仿中存在奇妙的平衡。一方面，这是一种自主活动——幼儿选择做什么，而不是被要求做什么。另一方面，这也是认同另一个个体的意愿，产生共鸣，这是一种“我和你的体验”，这种体验在“我”和“我们”之间健康地摇摆。这意味着积极的社交技巧的发展，自我认同和自尊心同时也得到了培养。

模仿是一种有效的方式，引导幼儿度过充满自我主张的可怕的两到三岁（参见第三章）。因而我们可以说，模仿行为软化幼儿的自我主张，而不破坏其自尊心。

1921年，西格蒙德·弗洛伊德提出：“模仿是一条从识别到同情的路径。”

《模拟的心灵》已经证实了人类一出生就具有模仿的能力。科学家已经识别出特殊的神经元——在模仿中被激活——并将其命名为“镜像神经元”。当它们渐渐发展成熟，这同样的一簇镜像神经元负责儿童的换位思考能力，这是模仿和高质量的同情心之间建立连接的物理保障。

我们也可以将模仿行为视为注意力的高度集中。

华德福幼儿教师不需要说什么，以免打搅幼儿专注的模仿，但是教师对其动作全然觉知。双方可以都保持沉默，但是幼儿会专注地记录下老师的行为。在早教中心，如果我们让儿童全身心的专注成为长期的习惯，这将有助于多动症的治疗。

我们是否不断地在用问题、指导和教导打搅幼儿的专心工作，从而促使了注意力缺陷（注意力混乱）的发生？

模仿的三个层次

模仿可以通过三个层次得到表达：

孩子看见，马上模仿

这是一种最简单明了的模仿形式。每天早上孩子来到幼儿园，看到老师已经在忙着做事情——绘画、蜂蜡模型，或是其他的家事活动——丰富的活动很快激发了孩子的兴趣和热情。孩子并不是因为义务而加入老师的活动，而是出于兴趣和自觉。他们通常会有这样的反应："我也能做吗？"于是，孩子完全自由自愿地加入了合作！当然，家长也经常会碰到这种情况，比如，当我们开始洗车或者烤蛋糕的时候，孩子是不是也经常这么问？

孩子看见，以后模仿

延迟模仿可能在创造性游戏中被持续观察到。实际上，游戏是一种持续模仿的表现。当孩子看见父亲使用水泥搅拌机，几天后，甚至几周后，他会在花园里用沙子、水和铲子重演这一幕，模仿的动作惊人地准确。我曾经观察过一个四岁的孩子连续数周模仿家门外的工人修建公路。还有一次，我看到一个五岁的孩子将一块木板搭在两根圆木上，然后将一些纸盒子在木板上推来推去，伴随着“呼呼，呼呼”的声音。我发现他在模仿机场行李传送带，因为他去西班牙兰萨罗特旅行的时候在机场看到了这一幕。

有时候，孩子会重复他们听过的一个故事，或者简单的家事活动，比如将小宝贝送上床或者做饭，或者模仿玩伴的声音和怪癖。这种模仿也会有助于疗愈心灵的伤痛。一个失去哥哥的孩子，通过和他的布娃娃重复模仿葬礼仪式，最后接受了哥哥离世这个事实，本来以他的智力程度这是很难接受的。通过模仿，幼儿可以慢慢接受生活中的突发事件，以一种健康的方式将它们融入现实。

孩子看见，渐渐“成为”

这是一种更加微妙的，然而强有力的模仿形式。它是一种内在的模仿反应，具有长期的影响。它需要成人具有相当的责任心，因为孩子也会吸收成人的态度、情绪和一贯的反应。久而久之，它们会影响儿童将要成为的那个人。儿童所在群体的道德观念和行为会在他的身上刻下烙印。

当然，幼儿会模仿积极的，也会模仿消极的影像。电视、电子游戏中的影像，成人和其他孩子的行为——这些都会在他们身上留下印记。越来越多的儿童暴力行为迫使我们考虑，究竟应该为脆弱敏感的孩子选择什么样的影像？

华德福教师如何利用“模仿”工作

在华德福幼儿园的预备教师培训中，老师会时刻铭记自己作为园丁的使命：过滤外界对孩子造成的影响，这种影响将形成孩子对人类的印象。

培训强调将教师的个人发展作为幼教工作的基础。受训的教师会经常受到鼓励，问自己“我会是什么样的模范”？可能的答案是：努力成为一个平衡健康的典范。不完美，但是一直在努力！

如果一个孩子在学习自我控制，他必须首先观察成人的自我约束行为。如果一个孩子在走社会化进程，他必须首先观察成人积极的社交行为。孩子在信任的情绪中开始自己的生活，教师必须对这种信任负责。

心理健康的孩子，没有受到过度刺激和过早智力开发的孩子，自然地愿意做老师的学徒，学习各种技能。在一个心平气和、很有条理、善解人意的老师身边，模仿积极、恰当且有意义的工作，没有压力，没有焦虑，幼儿会学到很多的技能。

每天的家事活动，诸如准备午餐、修补、种植、制作和打扫，所有这些给幼儿提供了学习和发展意志力的机会。这个年龄段的孩子喜欢，但很少有机会参与各种各样的家事活动，学习很多实用的技能。老师忙于工作的影像会像磁铁一样吸引孩子。老师的热情也会激发孩子的意志力。

在我们这个时代，很多妈妈在外工作，没有时间打理家务，更不用说和孩子一起做家务。在华德福幼儿园的这种经历，对孩子来说弥足珍贵。

在晨圈时间，模仿和榜样原则的影响更加显著，因为教师意识到她的言行举止对孩子有着重要影响，为日后的识字和算术打下基础。这些模仿和榜样，也将为华德福小学教师树立权威做好准备。这也奠定了另一块基石。

1919年，鲁道夫·斯坦纳在他的讲座“教育是一个社会问题”中提到：“在过去，人们依靠本能或者直觉生活，他当然也可以依赖模仿。未来则不同。我们需要注意，孩子会成为模仿者……童年时模仿的那些行为在未来会得到强化，因为人将不得不明白，当孩子长大成人，他们将不得不成为自由的人类，而只有孩提时代经常模仿的人才可能变得自由……只有这样，成人才具有社会自由的基础。”

视频画面取代了言语，孩子越来越无法专心，渐渐脱离社会。孩子长期坐在电视或者电脑屏幕前，其模仿能力和获得的信息受到了负面的影响。从这个角度看，华德福幼儿园的模仿活动，特别是家事活动，具有显著的疗愈功能。

孩子满怀信任地、自发地模仿着成人的一切。

［第五章］

节奏和重复对学习和健康发展的积极作用

· · ·

这是一个伟大的秘密：所有疗愈的力量都存在于人类的呼吸系统中。

——鲁道夫·斯坦纳，《四季和大天使》

华德福的幼教工作看起来毫不费力：老师好像不用做太多。将近二十个孩子跟随着老师的节奏，整个上午，从一个活动到另一个活动，老师无须停下来解决问题或者打断他们。虽然看起来很轻松，老师其实已经做了很多的准备工作，为了创造和谐的环境，安排一系列活动——富有节奏感且结构合理的自由运动，牢牢地抓住孩子的注意力，支持孩子的健康发展。

——拉希玛·鲍德温，《你是孩子的第一任老师》

“节奏”（rhythm）这个单词来源于希腊语的“rheo”，意思是“流动”，“韵律（rhythmos）”意味着一种控制力。这些词语的演变表达出了华德福幼儿园预期的气氛，从孩子的角度感受到的气氛。在整个上午的活动中，孩子被一种平静、温和、流动的气氛所包围，而且在连续的两个活动转折点，老师都会给予他们特别的关心。

幼儿园每天、每周，甚至每年都有短期、中期、长期的活动计划，这些节奏的重复和持续，让孩子每次回到幼儿园都很安心。

孩子所需要做的事情不言而喻，在幼儿园这种精心布置的环境中，节奏和重复对孩子来说是天生的权威。

节奏对儿童健康发展的重要意义

在与幼儿教师的一系列谈话中，鲁道夫·斯坦纳提到“教孩子正确地呼吸”。这一观点需要从多个层面理解，其要义是在孩子的日常生活中，注意呼吸的质量——我呼吸，我存在。

节奏是吸气和呼气之间的流动。当我们休息、沉思或者阅读时，我们吸气以积聚力量。我们是静止的。我们集聚“自我感”，体验“自我中心”。我们回到内在的自我，感受自我的精神特性。当我们外出时，我们呼气，展现我们互助互动的社会性特质。我们是活跃的，富有表现力的；我们展示出对生活的兴趣。

我们的生理和心理健康依赖于呼气和吸气两极之间的相互平衡。如果太长时间地处在反省的状态，我们变得孤僻，过分专注于自我。另外，如果我们长期向外寻求活动，我们变得没有条理，散散慢慢，摇摆不定。一旦意识到需要寻求平衡，成人会选择创建健康的平衡，但是幼儿没有能力做出这样明智且有意识的选择，所以照顾他们的成年人需要承担起责任。华德福教育坚定地遵循有节奏的原则。

儿童需要健康的身体来表达其意志力。在华德福幼儿园中，所有活动的进行都是为了保护幼儿的身体健康（参见第三章）。

哮喘、焦虑和过敏等患病率无法控制地在增加。幼儿每天有节奏地活动有助于疗愈这些疾病，舒缓神经紧张，恢复体力。有节奏的活动帮助孩子保持精力充沛，特别是身体纤弱的孩子。

节奏对冲动行为的限制

我们的社会中有很多没有界限感的孩子，界限的缺失令他们的行为难以被社会接受。

早期教育中的节奏活动允许孩子体验必要的，有界限的自由——规则和自由之间的一种平衡。

节奏感帮助孩子“掌控”自己的身体，获得目标感，逐渐学会自我控制。早期对规则和规律的体验是未来自我约束的种子。鲁道夫·斯坦纳认为，“你（教师）正确地指引幼儿意志力的冲动，不是告诉他怎么做是对的，而是让他去做。今天，明天，后天，日复一日地去做。”

节奏对情绪的影响

每天的节奏活动中，呼气和吸气之间的舒缓的气流，有助于孩子情绪稳定地去做事情，而不是做出激烈的反应。成年人感到疲倦的时候，也会体验到自己的情绪波动。节奏感调节情绪，帮助幼儿处理沮丧的情绪，正确地疏导情绪。

斯科特·派克在其畅销书《少有人走的路》（*The Road Less Travelled*，著名心理学著作——译者注）中，开始探索儿童的根本需要——延迟满足是日后自我约束的基础。我们的孩子生活在“我现在就要”并且马上得到满足的时代，这几乎是很多儿童的嗜好。早期的节奏活动告诉他们：“不行，你得等待。现在先来这个。”

在幼儿园中，吃饭前等待点燃蜡烛，唱一首歌等待听故事，洗手系上围裙等待准备食物——“小剂量”的延迟满足会慢慢强化儿童的自我控制，他们无须借助于威胁、惩罚等强盗行为来满足自己的意愿。

幼儿园中的节奏感和重复

如果你去幼儿园参观，你会很快意识到每段活动都富有节奏感，上午的活动模式在“呼气”和“吸气”之间交替进行。

创造性游戏——扩展——孩子呼气

晨圈时间——收缩——孩子吸气

户外游戏——扩展——孩子呼气

故事时间——收缩——孩子吸气

呼气时间以幼儿的自主游戏为主，在儿童发展的这个阶段，呼气占用了大部分的时间。吸气的活动由老师带领。因此，幼儿的体验达到了健康的平衡。他不会有太多的时间进行自我表达；在与他人共处的时间，也没有太多的限制。

节奏很快成为习惯，这些习惯一旦建立起来，就不再需要教师的指导和指示。幼儿只是“跟着感觉走”。

华德福幼儿园中一天的节奏

尽管每个幼教老师都可以根据需要建立起自己的节奏模式，但是吸气和呼气的原则是不变的。典型的一天可能是这样的：

9：00－10：00　**创造性游戏**和每日活动

10：00－10：30　整理，**晨圈时间**

10：30－11：00　洗手，点心时间

11：00－12：00　**户外游戏**

12：00－12：30　准备讲故事，**故事时间或者偶戏表演**

一周的节奏

每天的节奏会日复一日地延续，而每周的节奏则取决于每日游戏和创造性游戏的不同。

例如：

周一　**湿水彩**　孩子自如地运用画笔和颜料，在画板上让颜色流淌，交融。孩子在意绘画的过程，而不是结果。他对艺术的敏感性得到发展。

周二　**蜡笔画**　孩子在蜡笔定性的特质中得到满足感。

周三　**蜂蜡模型**　孩子作为“创造者”进行创作，自然地发现各种形状。蜂蜡的味道和可塑性也会为孩子的体验增加维度。

周四　**制作面包或者肥皂**　孩子体验磨面粉、和面、揉面、烘烤、等待和享用的一系列过程。他们也会学习使用科技产品，比如磨面机和烤箱。

周五　**洒扫日**　通过打磨家具、擦洗地板、熨烫衣物、整理东西，他们学习对环境的尊敬和爱护。（华德福的环境教育对社会有着积极的影响。）

一年的节奏

一年的节奏通过季节的变换得到体现，季节是华德福早期教育中一个非常重要的元素。节日庆典是每年轮回的信标，我们可以在教师的歌声、小诗、故事、家事活动和艺术活动里，还有环境的布置中发现季节的迹象。一年到头，都可以在“季节桌”上发现大自然的节奏。所有的活——手工、工艺、家事——都和当下的季节紧密相联，有助于儿童理解一年中时间的流逝。

无论在哪里，户外活动的场所都尽可能地加强孩子与自然的接触，而一些和季节有关的活动，比如园艺和种植，都可以成为教学活动——用薰衣草制作香囊，用玫瑰花果制作糖浆，用蔬菜制作菜汤，用金盏花给羊毛染色。这些活动富有明显的节奏感，总会发生在每年中同样的季节，成为孩子们热爱的传统。

节日庆典是幼儿园活动中重要的一部分。家长们聚在一起，孩子们感到强烈的“归属感”，每个人都受到欢迎，孩子们得到了更多家长的关爱，好奇心和敬畏感油然而生。

以下的事件可以告诉我们，节奏的运用如何进入孩子的内心。有个助理教师每周在幼儿园工作三天，她总是在周二和孩子们一起烤面包。有一天是周一，有个孩子看着园长却叫出了助理教师的名字。另一个孩子马上说："别傻了，不可能是克莱尔，今天可不是烤面包的日子！"教师们会经常说起，当孩子们问"今天周几"的时候，如果老师回答"周三"，他们会很吃惊，因为他们期待的答案是"制作肥皂日"或者其他的什么日子。

重复的积极作用

对时间的安排是节奏原则的典型例子。其中，"重复"作为节奏原则的重要方面被广泛运用于幼儿园生活的各个方面。比如供应点心的日子是固定的，周二是麦片，周三是汤。以下的例子显示了这一特殊教育原则的多样性。

明确信号的重复

教师应该从幼儿的角度出发，决定进行园内活动的最好的方式。一旦做出了决定，教师选择的方式将会被日复一日地重复，直到成为习惯，比如进行晨圈的方式，桌子如何摆放，故事时间如何开始如何结束，孩子们如何为烤面包做准备（洗手，系上围裙），等等。孩子通过这种方式实现预期的学习，减少不适当的压力。

位置的重复：每样东西都各居其位

孩子在进行创造性游戏的过程中，可能会变得无比沮丧，比如建造一个面包店时，他发现需要一些羊毛把面包店的墙壁连接起来，可是架子上放羊毛的篮子却是空的，前天明明还在！为了避免此类情况，华德福幼儿园的游戏材料都在架子上公开展示，教师必须确保每样东西有自己的位置。这也鼓励孩子独立自主，根据自己的需要去取游戏材料。孩子们也要参与收拾整理东西，这样他们就会知道每样东西的位置。这种氛围可以帮助本来处于“无序”状态的孩子发展意志力。

老师的反应的重复

对于上午课程中最可能发生的紧急状况，有经验的教师会迅速积累应对策略。如果一个孩子打或者推另一个孩子，老师会说：“手是用来工作和玩游戏的。”这些反应当然不是写在书本上的；每个教师都会有自己个性化的应对策略，以她自己感觉舒服的方式从容应对。最重要的是，教师重复多次的反应要适合孩子的发展阶段。孩子会逐渐接受教师的劝导，不需要不愉快的令人筋疲力尽的说教。

重复是一种支持性的学习

早教中心普遍地鼓励孩子熟记各种数据和知识，但是这种记忆并没有伴随着理解。

重复可以帮助孩子学习一些概念性很强的东西，因为重复会在记忆中留下深刻的印记。重复也使得孩子的能力和信心得到发展。孩子需要通过重复将自己的经验变得有意义。

经过不断的重复，两岁的孩子也可以掌握新的技能，虽然他还没有达到相应的智能意识水平。通过这种轻松的、没有压力的方式，孩子的记忆力得到强化。因而，幼儿园中的故事、诗歌和活动会每天重复。孩子的语言和沟通能力得到强化拓展，为未来的阅读写作打下坚实的基础。

从这个层面来说，节奏和重复总是互相合作，展示一种内在的逻辑和天然的秩序。孩子通过这些有节奏的、重复的活动，掌握一种逻辑秩序。在早期发展阶段，儿童的概念性的认知能力可以得到控制。

华德福幼师努力确保他们在孩子面前的所有活动都以循序渐进的、有序的方式进行。孩子会识别出明确的信号，而且易于模仿。教师的自律是孩子最终达到自我控制的必要前提。

建立信任

现在的很多孩子被过早地“唤醒”，成人将焦虑、期盼和担忧传染给孩子，因而孩子的处境也具有当代人生存的戏剧性风格。他们天生的信任经常被生活中的矛盾所动摇：爸爸要走了吗？谁来接我回家？我们现在要去哪儿？我应该干什么？妈妈什么时候下班回家？

孩子总是在担心还会发生什么，应该期待什么，但是，随着幼儿园每日和每周重复的节奏活动，这种焦虑感会逐渐减轻。幼儿园稳定、可靠、规律、有节奏的作息对于处在困境中的孩子具有特殊的疗愈作用，因为这意味着："你在这里很安全，你可以信任这里的一切。"

孩子需要时间和空间去发现这个世界。

[第六章]

创造性游戏为何如此重要

· · ·

儿童的游戏和成人的工作之间只有一点不同。成人让自己适应外在世界的需要，他的工作取决于外在的需要。儿童的游戏取决于内在的需要，孩子发展过程的需要，孩子展开自己的需要。

——鲁道夫·斯坦纳，多尔纳赫演讲，1923

某个周二的早晨，巴纳比（四岁）垒了一排宽30厘米的砖头，这些砖头绕着教室围了一圈。然后他试图在砖头上搭上木板，他又用一根绳子（在墙壁和砖头中间）围绕他的整个建筑一圈。过程完工后，他跑到老师那里，很骄傲很满足地咧嘴笑着说道："我是建筑工人，我给幼儿园安装了新的暖气!"

某个周五的上午，艾尔莎和帕洛玛（四岁和五岁）准备搭建房屋。他们用木头架子做了外墙，床单做了屋顶。在里边，一个倒放着的盒子成了灶台，一个碗做了汤锅，一把板栗成了土豆。艾尔莎说道：“我们来过家家，我当妈妈，你是我的小姑娘。”午餐准备好了，他们去购物，真的很有居家过日子的感觉。突然，有人敲门，“我可以和你们一起玩吗？”是梅甘。“屋子不够大，不够三个人”，艾尔莎回答道。梅甘显然很失望。这时候老师的建议和支持来了：“梅甘可以是一个友好的邻居！”“好主意。我们可以共享这个社区！”然后他们很快建起了另一座房子，两座房子连在一起，梅甘入住了，她确实是个好邻居。15分钟后，老师观察到房子变成了医院，因为帕洛玛在院子里工作的时候弄伤了自己的脚丫，艾尔莎和梅甘正在作为护士照顾她。那只受伤的脚丫得到了清洗和包扎，那些板栗现在变成了药。

有一天上午，天气晴朗，乔和西奥（均六岁）在花园里挖土，他们看到了幼儿园的蔬菜区，有些兴奋。他们开始奔着蔬菜区的方向挖一个沟。很快他们挖到了两个区域之间的一排分界石头处。他们想办法从石头下面挖沟，最后挖到了蔬菜区。然后西奥从附近的水池旁找到了一个水罐，他开始往沟里倒水——真是引人注目的灌溉工程！

有一天上午，就在圣诞节后不久，两个五岁的女孩子宣称，“我们想念圣诞节，我们想要自己做圣诞树。”但是当时连根绿色的树枝都没有，怎么做圣诞树呢？她们将一个盒子拉到教室中央，放一块木板在上面。然后再放一个盒子，再放一块木板。这样，（圣诞树的）塔形就形成了，这吸引了很多孩子，他们都对这一活动产生了兴趣。一个孩子观察到：“它不像圣诞树那样亮闪闪的！”经过讨论后，有个孩子在塔顶又放了一个盒子，在每块木板上放了一个闪耀的灯笼。另一个孩子被派去找老师要更多的灯笼。制作圣诞树的工作很快成了团队合作，四岁的孩子负责“取东西”，五岁的孩子执行复杂的建筑工作，六岁的孩子不停地给予指导。

每个周一的上午，五岁的乔治，一个有着严重的语言延迟和沟通障碍的孩子，来到幼儿园后，都直接走向摇篮，他最爱的娃娃躺在那里。他给娃娃最温柔的呵护和亲吻，把它抱到老师那里求一个拥抱，然后整个上午都带着它。老师观察到娃娃引发了乔治的情感表达——温柔，想象，尝试非语言的沟通方式。在故事时间，老师鼓励他带着娃娃听故事，否则他很容易走神儿。怀里抱着的娃娃将他的想象力拉回现实，也让他得到了很多关注。乔治的自我认同感逐渐觉醒了，这对于他的语言控制能力的发展是非常重要的。

被攻陷的游戏

没有游戏的童年是不可想象的……现在的孩子玩游戏吗？成人工作，孩子游戏……是这样吗？家长经常抱怨他们四五岁的孩子在学校里是“应付学习”，而不是“蓬勃发展”。

被误导的早期教育——识字和算术能力——无情地摧毁了孩子的童年。我们期待五岁的孩子能有六岁孩子的表现，四岁的孩子具有五岁孩子的认知能力。孩子最大的牺牲是创造性游戏的缺失。

游戏是什么

“很久很久以前……我们来假扮……你演……我来演……”从这些话开始，孩子进入了一个无限扩展的世界，充满了丰富的学习机会，这是他们发展中重要的阶段。我们只要看和听，就会对我们所看到和听到的感到无比吃惊。

孩子的游戏需要必须首先被认可。成人的工作通过“外在”得到表达；儿童的游戏来自“内在”整合经验的冲动。鲁道夫·斯坦纳说：“孩子需要通过他的意志反应力和他的游戏，吸收他的经验成为他自己。”

这里有个例子。一个四岁小女孩的哥哥去世了。葬礼后的第二天，她用一些毯子和枕头堆出来一个小“土丘”。她非常悲伤，她要“把她的雅各布带回来”。在一些被战乱剥夺宁静生活的地区，教师需要观察孩子表达他们的焦虑的方式，他们通过游戏、情景模拟释放压力。游戏治疗法是教育专家针对受虐儿童的标准治疗方案。当孩子难受的时候，要停止游戏；当游戏重新开始的时候，说明孩子的状态转好。

沉浸在游戏中的孩子最安心。

孩子们也是梦想家，在孩子的想象中，也有一些精神的东西。在一个漫长的、梦境般的发现过程中，周围的点点滴滴和孩子的记忆结合在一起。他们玩电子游戏的时候就不会这样做梦。他们静下来沉思的时候才会这样做梦……他们有时间的时候才会这样做梦……我们夺走了孩子的时间。

——利舍·格拉尔德,《观察家报》, 2000年8月6日

对游戏的误解

对游戏的一种定义是："一个自由选择，自我导向，内在驱动的过程。幼儿或者少儿跟随自己的直觉、观念和兴趣，用自己的方式，为了自己，决定和控制游戏的内容和意图。"

早期教育转向"结构性游戏"和"趣味学习"的趋势，削弱了游戏的内在根源。

这种来自"外界"的，指导游戏的概念带有强加的意图，比如，为了理解数字"5"的概念，用5只泰迪熊在野餐作为例子，这完全违背游戏的真正意义。游戏应该来自儿童的内在需要，满足儿童原始的动力。这种动力可以来自儿童根据印象扮演工人铺设管道的需要，可以来自幼儿扮演幼儿园教师讲过的

童话故事的需要，或者只为了体验斯坦纳所描述的“对行动的热爱”。因为游戏也是一种意志力行为，儿童对环境印象的展示也是一种模仿行为。

我们必须清楚：游戏是一种强烈的、存在于儿童发展过程中的内在需要。当游戏被外在的意图操控的时候，游戏就失去了其本真。

儿童意识的转变和游戏的阶段

要唤醒儿童内在的本真游戏，还有一些附加条件。我们需要理解游戏活动的意识本质。就像孩子经历的身体变化一样，长高是身体机能的需求，同样，他的意识或“醒觉”也在发生着变化。如果我们将睡眠、做梦和清醒状态联系起来的话，这种意识的演变就非常容易理解了。人类“醒觉”的各个阶段和儿童早期发展的各个阶段相对应。

儿童早期发展阶段，游戏的重要意义已经被发现和记录，比如在福禄贝尔和皮亚杰的研究中。儿童各个阶段的游戏类型也被广泛记录，被观察，学生和老师都很乐意承认他们的发现，当然，如果儿童被剥夺了游戏的机会，这些观察和发现也将不存在。

出生到三岁

儿童最早的游戏形式产生于一系列的感知体验和运动，所以说感知和运动是游戏的基础。婴儿从玩他的手或者脚趾，摇铃，柔软的玩具开始游戏，然后是妈妈的锅碗瓢盆、沙坑。随后开始探索外面的世界，他们通过无尽的感官印象和加强运动技能的机会——触摸、品尝、抬举、移动——来认识世界。

三到五岁

从出生到渐渐觉醒的过程一直持续到三到五岁，这个阶段的儿童意识具有梦幻的特质。华德福的幼师称这个阶段的意识为梦幻意识。梦幻王国充满了各种符号，因而幼儿会将一根木棍想象成一把宝剑、一条蛇或者一匹马；一个盒子会变成一条船、一张床或一个烤箱。（幼儿园里的两个男孩整个上午都在“打电话”，两块木片就是他们的手机！）孩子是天生的魔术师。他们的世界就是幻想和想象，不停变换的符号。当他们进行游戏时，儿童完全沉浸在其中，一心一意地玩耍。他们是天生的“作家”，每天都要记下自己的旅行日志。

我们需要特别注意的是，这个年龄段是儿童想象力和创造力发展的高峰期，所以如果这时候将他们送入学前教育，他们的想象力和创造力将被无情地扼杀。

对于游戏而言，学前班缺少关键的环境因素——自发性，自由，充足的时间和合适的场地，儿童脑力活动的增加明显导致想象力的萎缩。

这些四岁左右的孩子突然发现成人对自己的学习充满了期

待和目的性，很快就养成了等待指导和指令的习惯。

儿童的游戏，将如同成人的工作一样，缺少目的性，因为目的性被满足感所代替。

孩子在游戏中得到的满足感，和成人在工作中得到的满足感相似。不幸的是，成人在逐渐趋向于在学前班制造同样的气氛，因而儿童被迫背上不必要的、沉重的负担，他们将错过重要的发展阶段。

这个阶段是象征性幻想游戏的重要阶段。儿童看到的物体被他内在的想象力赋予新的意义——板栗变成土豆，盒子成为桌子，水和沙子混合成为巧克力蛋糕。这些行为也意味着儿童思考力发展的基础阶段——“图画思考力”。当孩子看到一个盒子，他想到了一艘小船，于是他将它当作小船使用。在儿童加速发展到下一阶段之前，我们需要及时认识到这种早期的认知能力。四岁的孩子被要求读书、写字，这种行为并不健康，也不合适，更不是必须，我们需要认识到儿童失去了什么。

五到七岁

在这个阶段，教师们可以发现以思想为基础的游戏的开始。华德福幼师将这一重要的变化作为儿童准备好学习的标志。对于四到五岁的孩子来说，理解能力意味着以互动的方式参与活动。儿童会将他们的体验用视觉表达出来——图画、建筑、角色游戏、言谈。幼儿的这些创作我们可以读懂，只要我们用心体会。最主要的是，它们需要我们的尊敬；和我们的写作相比，它们毫不逊色。

六岁的幼儿开始更加明确地学习，在学习过程中逐渐采取更加主动的、有意识的态度。

被破坏的游戏

在这种理解的基础上，我们可以看出任何加速儿童觉醒、鼓励自我意识的状况，都会削弱儿童重新进入想象性游戏世界的能力。“唤醒”的状况包括持续地过度刺激大脑，儿童表现出过分的自我意识和自我觉醒，过早地失去游戏所需要的梦幻状态。不幸的是，我们看到了越来越多不会玩的孩子。电视禁锢了孩子自己创造画面的能力。因为他们吸收了太多的电视画面，有些画面甚至会禁锢孩子的思想。我们的孩子是被动画创伤的一代。过早地入学，受到过多的约束，不稳定生活方式导致的焦虑感，父母忙于工作长期缺席家庭——这些常见的因素削弱了儿童进行正常游戏的能力。

从一个更加简单、直接的层面上来说，游戏中的儿童的隐私需要被尊重。突发的提问和侵犯性的语言会将幼儿从本真游戏中拉回现实。想象一下你正在写一本书，作一首曲子，画一幅画，但总是不停地被人用问题或者评论打断思路：“你接下来会做什么？”“真够蠢的！”“再大一点儿。”那么游戏中的孩子被打扰了，会是什么感觉？

儿童游戏既需要足够的时间和合适的场地，也需要合适的设备，让他们发挥自己的想象力和创造力。一个玩具消防车的作用是很局限的，但是一筐旧床单、一堆木头盒子、一些木板、一筐贝壳和浮木就不同了，它们今天被组装成了房子，明天成了火车，后天又变成了商店。孩子们乐此不疲。华德福幼儿园提供的材料，有助于儿童发现材料潜在的作用，以及一件物品和另一件之间可能建立的关系。这为日后的创造性思考打下基础。在《孩子的意识变化》一书中，鲁道夫·斯坦纳描述了游戏材料的价值："……每次看到自己完成的成品，孩子都难以抑制内心的狂喜，于是一个非常微妙的幻想世界被打开了。"

今天孩子们被塑料玩具、电脑游戏等无数物质诱惑所迷倒，这些诱惑保证他们永远不会无聊。华德福幼儿园的游戏设备，以及孩子与自然接触的大量的游戏时间，允许孩子冒险，主动思考，解决问题，自由地、充满想象地探索和表达自我——这些品质将会在未来影响他们的生活。当孩子厌倦了价格高昂、功能简单的玩具时（比如一个塑料的救火车仅仅是一个玩具救火车而已），孩子们很快会发现华德福游戏环境中无限的创造可能。

最近我听说，一个从华德福学校毕业的学生离开学校后在印度旅行，他发现印度农村的很多残疾人因为经济原因而无法拥有一辆轮椅。他决定挑战一下自己的创造能力，他要利用当地垃圾堆中的废旧材料制作一个简单的轮椅。他成功了！随后他建立了工作坊，教那些残疾人利用身边的材料制作轮椅。

我想，这就是每天发生在华德福幼儿园中的创造性游戏：孩子们利用想象力、热情和适应能力，使用天然的材料，满足生活的需要。

游戏对未来发展的重要性

国际儿童教育协会高度认同游戏的重要性："理论家赞同游戏在儿童发展中的重要作用。精神分析学家相信游戏对于精神创伤和障碍的治疗是必须的；心理学家相信其对于自我掌控和日常学习的必要性；建构主义者相信其对认知能力发展是必须的；成熟论者认为在任何一种文化背景中，其对于能力建设和社交功能都是必要的。

让我们回到"建筑师"巴纳比的故事。他在家中看到过如何安装暖气。这一活动肯定给他留下了深刻的印象，足以让他重演这一幕。他的游戏是一种模仿。对他来说，将木板平稳地放在砖头上绝非易事，每次木板掉下来，他都需要重新放好，他表现出了令人钦佩的毅力和耐心。他也发现了绳子不够长，他只好又跑去找些绳子，将它们系在一起。他在不停地解决问题。他用绳子充当暖气管道，这是一种充满想象力的解决方法，表现出难能可贵的应对挑战的主动性。

而梅甘来到艾尔莎和帕洛玛的“家”也意味着挑战。这一游戏体现了解决问题和社交的能力，展示了情商（宽容、同情、灵活性和仁慈）的发展。谈判和妥协让孩子在“我想要什么”和“你需要什么”之间找到平衡。房子从“家”变成“医院”，土豆变成药，邻居变成护士，显示了角色游戏灵活可变的特质。

而孩子们共同制作的圣诞树也包含着思考，解决问题，合作，艺术视觉和体能的元素。利用可利用的材料体现了令人敬佩的积极主动性，他们并没有因为找不到“真正的”绿色而放弃。

四种游戏中，每个孩子都得到了自我表达和自我导向的机会，我们总可以在创造性游戏中发现这两种品质。儿童的自信心和自尊心得以加强。所有的孩子都有机会体验“我也能做事情！”这一点非常重要，因为一方面，我们的社会高度重视自信心，另一方面，儿童却因此而过度紧张，他们经常会说“我不能”或者“我只是配合”。游戏也具有培养同情心的功能。因为在角色游戏中，儿童可以体验“我是妈妈（保护你们）”

或者“我是建筑师（帮助你们）”。

第一位华德福幼儿园教师，伊丽莎白·冯·格伦俄琉斯相信儿童对游戏的热爱意味着他们成年后对工作的热爱，因为他们在游戏中体验了成人工作所需要的所有品质：热忱、合作、毅力、契约、主动精神、想象力和灵感。

这就是游戏为何如此重要的原因；它是儿童的主动反击，对他们遭遇的攻击和怠慢的反击。在游戏中，儿童表现出自己的能力……通过表演游戏和角色游戏，他们表现出自己的能力，这些能力最终会成为他们成年后的能力。他们通过和同龄人的游戏，表现出他们的社交能力，和朋友交往的能力。游戏开始是个体的需要，最终会转化为现实。

儿童游戏的功能，作为一种对自我能力的主张，经常被误解。它经常被“理性化”地定义为“作业”，意味着学习阅读、写作和科学的能力，或者被认为是孩子表达创造能力的一种途径，所以应该给予孩子一些正式的指导，指导孩子如何“恰当地”表达自我。

对儿童游戏功能的误解导致了错误的教育方式。如果游戏被当作儿童的“作业”，那么游戏会像功课一样。

> 一个“开商店”的儿童会被要求给他的商品贴上价签。如果游戏被认为是儿童创造欲的表达，儿童可能被问及他在画什么，而且可能被要求将蓝天草地画成常规的颜色。不幸的是，这不仅不能使儿童获得成就感，相反，他们只会感到无助。
>
> ——戴维·爱尔坎德，
>
> 《错误教育：处在危险中的学龄前儿童》

美国高度教育研究基金会的劳伦斯·斯文哈特追踪了两组三四岁贫困家庭的孩子的成长经历，一直到他们成年。劳伦斯观察到：“从学术氛围浓厚的幼儿园出来的孩子，成年后有一半会面临着情绪障碍。而那些从以游戏为主的幼儿园出来的孩子，只有6%面临着同样的问题。后一组孩子因为重罪被逮捕的比例更低，因为情绪障碍被迫接受特殊教育的时间更短。”

联合国《儿童权利公约》第31条公开表明儿童游戏的重要性。在华德福幼儿园，教师对童年充满敬畏，会尽力创造条件，使真正的游戏可以蓬勃发展。

人类“想象”的能力不可以被低估——它是真正的天才的源泉——我们能在儿童早期的创造性游戏中发现它的根源。

“我们玩过家家吧！”创造性游戏是童年的核心。

［第七章］

儿童早期的感官滋养

· · ·

人类已经变成了物质世界的感觉体，通过吸收物质感觉的印象，丰富自己的内心。

——鲁道夫·斯坦纳，柏林演讲，1908

成为自己的权利

一个晴朗的秋日，我在清扫幼儿园过道上的落叶。三岁的诺亚站在那里看着我。大概十分钟后他开始用自己的双手捧起树叶，将它们放进垃圾桶里。有时候他停下来，带着极大的兴趣观察某一片树叶，他还会认真地闻一闻树叶。又过了十分钟，他发现了一个小虫子。他将它放在手掌中，仔细地观察。

然后他向我走了几步，害羞地让我看他的手。我正想说什么，但我突然意识到，在这个时刻，不需要说什么。完美的一刻。小叶子，阳光，小虫，土壤——诺亚正在倾听自然的声音，因为他成为的自己没有被打扰，所以他才能够倾听。

“我被幼儿园教室的优美和秩序所震撼。”一位家长叙述道。华德福幼儿园给人的第一印象通常是强烈的视觉感。家长们经常会提起那些颜色漂亮的布料、天然的材质、有机素食、实木的地板和家具、颜色柔和的墙面。这些充满审美情趣的环境布置是无声的语言，解释了幼儿园的教学目标和活动内容。幼儿园教室的布置显然会对新家长产生影响。这些印象会对幼儿产生更加深刻的影响。

经过进一步观察，家长很快发现幼儿园不仅仅令人视觉愉悦。孩子们游戏用的布料，摸起来可能是丝绸或者棉布；木质的玩具和家具有着蜂蜡的味道；在点心时间，他们会尝到新鲜的、没有添加剂或防腐剂的食物；偶戏开始前，他们能听到七弦琴细腻的声音，铃铛或者木琴的叮当声。节日庆典是名副其实的盛宴：触觉、嗅觉、视觉、味觉和听觉的盛宴。

每一天，教师都会有意识地，以各种方式为孩子的感官提供“滋养”，经过“精密调整”，孩子的感官对大自然的“语言”将会更加开放，更加敏锐。

儿童与环境的统一性

鲁道夫·斯坦纳强调孩子在人生第一个七年里，要向环境完全开放。他甚至将他们描述为“完全的感官体”，将他们和周遭的关系描述为“身体崇拜”的体验。那么这种敏感的开放性由何而来？为了寻找答案，我们需要了解儿童头七年的两种发展特点。

第一，我们的知识和对周遭的了解通过感官成为可能。感官是我们进入外部世界的关口，也是世界进入我们个人空间的途径。为什么是这样？眼睛可能看到一个移动形式。这是一种感知。视觉通过神经感觉系统将这一印象传递给大脑，大脑开始思考，识别出这种移动形式——可能是我们认识的某个人。现在这是一个概念。

感官——这种情况下，是视觉——允许我们感知世界，但这只是现实的一部分。我们需要思考力识别出我们的知觉。于是概念出现了，即使最初的感知消失后，它依然会作为记忆保留下来。这种促进思考的，反射性的活动使我们成为有意识的存在，让我们从一定的距离观察周遭的一切事物。对于幼儿来说，这一概念性的活动还不完全是积极的，因而他们也没有完全感知到自己与周遭一切的距离。

第二，当我们迈向成年，我们自我认同和自我意识的发展渐渐增强。经验的累积和思考能力的发展强化了“我”的感觉。当然，这些体验对于幼儿来说是不完全的——“我”和周遭一切的界限仍然不太清楚。孩子仍然没有充分认识到他的自主能力，或者自己与环境的“独立”。他并不是一个“孤岛”。他仍然保留着天赐的“天人合一”。心智尚未带来“分裂”的不适。

这两种发展特点让幼儿和感官经验相连接，而不是切断连接。正是如此，孩子和感觉产生共鸣，被其传递所影响，心理发展受到周围环境的影响。卡尔·荣格强调：我们的意识越弱，经验对心理的影响越强，决定未来行为的最初影响也更强有力。

这就是斯坦纳所指的“完全的感官体”。“身体崇拜”指的是儿童与环境的互动中“身体对环境的投降”。孩子用近乎虔诚的心态放弃了自我意识，完全相信经验。观察一个玩耍中的孩子吧！他们那种令人印象深刻的无我忘我值得我们尊敬和保护。

过去的十年中，我们对于大脑的功能和如何获取经验的知识越来越多。这种新知识惊人地显示出：我们的

> 大脑并不是预先设计好的，而是通过经验逐步发展的；而早期的经验对我们的大脑结构和心智的发展，有着深远的影响。
>
> ——戴维·温克利爵士，
>
> 《神经学研究及其对教育的影响》

感官体验的影响

感官通过物理的、认知的和情感的方式对儿童产生影响。脆弱的、轻信的、发展中的儿童是由环境塑造的。因为这种开放性，感官经验在早期引导着儿童。所以，对于幼教师来说，首要的任务是确保儿童的感官体验是有价值的。华德福幼儿园提供的所有体验都和这一根本原则相关。没有低俗的漫画或者塑料玩具，只有颜色柔和的墙壁、湿水彩画和蜂蜡，以及对环境的关爱。材料和经验的完整性和高质量被认为是最重要的，它们对儿童的影响，无论短期或者长期，都是不可低估的。

感官的滋养

当我们描述高质量的感官印象时，我们使用“感官滋养”这个词，感到很舒服，因为这确实是一种滋养，一种对心灵的滋养，就像食物给予我们身体的滋养一样。“人如其食”，在这里，我们也许应该说：“体验到什么，孩子就会成为什么。”

大脑的发展依赖于经验。感官通过中枢神经系统直通大脑，使儿童的体验（感觉）得以影响身体。我们可以很容易观察到：当我们害怕时，呼吸加快；看到可怕的景象时，脸色会吓得苍白。长大后，孩子的健康会揭示正面或负面的经验积累对身体的影响。

同样的，经验是内化的，引起感觉的反应，比如黑暗会引起焦虑，重现光明会让人如释重负。孩子所体验的一切都会引起情感上的反应，这将显著影响他们未来的情感取向。

在头七年中，孩子被我们的作为深深影响。经过七岁这个转折点后，孩子的发展会渐渐被我们的言行所引导。早期的非语言形式的教育可以包括视觉、嗅觉和触觉——所有这些通过感官滋养孩子，除了成人的言行之外。

保护童年

近几年，华德福教育工作者一直在考虑一个问题：“我们是否需要，特别有意识地发展感官教育？或者进一步说，一种感官治疗？”幼儿早教课程趋向于知识教育，导致了感官刺激的贫乏，这种失衡需要得到纠正。

我们的个人精神在感官“门口”与世界相遇；世界进来，

留下印记，我们根据这些影响，走出去再造一个新世界。我们希望用什么样的形象和影响“滋养”幼儿的精神世界？

失去的纯真

……六七岁的儿童无论心理上、生理上，都无法分辨出幻想与现实之间的差异。

这就意味着当一个小孩子在电视上看到有人遭受枪杀、刺杀、奸污、殴打、侮辱或者谋杀时，对于他来说就像真的一样。有些孩子最终会接受暴力，将其视作在一个残酷的世界生存的必要的技能。

1992年6月10日，《美国医药协会杂志》发表了关于电视暴力影响的流行病学研究。无论在哪个国家，何种信仰，哪个城市，电视的出现几乎马上引发了暴力行为。15年内，谋杀率增加一倍。为什么是15年？因为那正是一个两岁的孩子成长为“要犯”所需要的时间。那就是你“播种之后收获”需要的时间，也是你开始伤害一个蹒跚学步的孩子，让其变得麻木不仁，从而成长为“要犯”的时间。

JAMA指出：“50年代电视的出现让凶杀率增加了一

倍，其中的一半罪犯，童年时期长期与电视为伴，大概每年有10000起。”

——戴夫·格罗斯曼，“教孩子杀人”，

《童年的未来》(*The Future of Childhood*)

在孩子进入世界之前，成人、家长、祖父母和教师可以用充满爱的责任心联手监护他们，使他们免受任何的伤害，直到他们成年后，可以肩负起同样的责任。

经常有家长会问：“华德福教育是否给了孩子过度的保护？难道我们不应该让孩子面对真实的世界？”就“真实的世界”一说，引发了争论。我们给予孩子的是“虚拟现实”，“二手的现实”，还是真实的、他们直接感知的世界？

具有讽刺意味的是，很多华德福教育的观望者开始将其视为儿童的“庇护所”，在某种程度上来说，这是真的：在幼儿园里，幼儿免受一些伤害，比如媒体、电子设备、合成噪音和添加剂食品。另外，和其他城市或者乡村幼儿园里的孩子不同，华德福幼儿园的孩子会得到很多美好的体验：亲手准备食物，风，雨，温暖和冰冷，荆棘和蒺藜（每日外出的时候）。有时候，他们还会碰到绵羊和山羊、小鸟、鱼，都是野生的，未被圈养的，没有贴标签的。（碰上没有贴标签的动物可能没有教育意义，但是对孩子来说这是真实的，难忘的。）那么，华德福的孩子是受到了特殊的“庇护”，还是在体验真实的生活？

——尤金·施瓦兹，《千禧宝贝》

感觉不能承受之重
——拥有的太多，太多，太多的一代

对大多数孩子来说，电脑对他们的健康造成危害，并引发严重的发展问题……五岁的孩子为了未来的高薪工作，必须接受电脑培训吗？他们现在所学的电脑知识，在成年之时将被淘汰。而创造性思维所必须的创造性和想象力是永远不会被淘汰的。一些重口味的电脑影像和程序阻碍了儿童的形象思维。在这个电子社会，老师发现孩子们越来越缺乏想象力与创造力。

电脑是否真正地将孩子和世界"连接"？电脑将孩子连接的只不过是一些没有价值的游戏，令人尴尬的成人内容和强劲的广告宣传。电脑将孩子"孤立"了，在情感上和生理上脱离和自然世界的联系。电脑提升了孩子与世界之间，与成人之间的"距离"，让孩子处在危险之中，因为孩子最需要的是和成人的亲密关系。

——节选自《愚者之金：冷眼看孩子使用电脑》

因而"感官遭遇"的质量显然非常的重要，但是，我们现在也不得不考虑儿童日常生活中"感官遭遇"的数量。"美好时光"正在被"刺激时间"所取代。一位记者最近报道了一个生日派对中，一群孩子疯狂的、贪得无厌的表现。尽管家长已经费尽心思准备了很多的活动，但是他们依然一直不停地在问："我们现在干什么？"

很多教师观察到孩子的感官疲劳，这是一种停顿（相对于孩子繁忙日程中表现出的身体疲劳），意味着孩子在幼儿园中感到昏昏欲睡。感官丧失可能引发灾难性的后果。学校中的孩子、被忽视的孩子，给我们展示了健康的感官刺激被剥夺后引发的痛苦。讽刺的是，来自物质丰富的文明社会的孩子表现出另一种极端效应——感觉超载。

早期教育中的屏幕科技

在西格曼博士的论文“不要电脑”中，他借鉴了广泛的研究，得出以下观点：

他反驳了“只要电视和电脑内容合适，就会对儿童产生积极的影响”这一观点。ICT（信息通信技术）会考虑人类大脑的发展，即使如此，在儿童的早期发展阶段，屏幕教学远远不如现实生活中的互动学习有效。

他引用了儿科医学，生物学和神经科学的警告。儿科杂志认为ICT的辐射会引发儿童语言发育迟缓。世界神经学联合会发出了警告：“电脑游戏阻碍心智发育，电子媒体阻碍大脑额叶的发展，影响儿童对潜在反社会行为因素的控制。”联合会建议儿童应该尽可能地在大自然中玩耍。虚拟世界引发的相互隔离使人们无法真正地参与社会活动。

儿童早期对真实世界活动的需求对大脑的发展有着积极的作用，而早期使用屏幕会抑制儿童未来对书本和对教师授课的兴趣。和模拟现实，或者信息技术虚拟的世界相比，真实的世界会变得索然无味。孩子可能变得沉迷于这种形式的刺激，与现实生活的步调和虚拟的世界格格不入。

弱势儿童更有可能拥有一台电视，而不是真实的书，更有可能沉迷于电视中。这一现象应该受到质疑，因为在不利环境中成长的他们更容易受到语言问题的困扰，应该受到更多的关注。在他们入学之前，应该具备一定的语言交流基础。

我们注意到越来越多的注意力和意志力薄弱的儿童。孩子每看一小时的电视，其发生注意力问题的可能就增加9%。信息技术要求不断的注意力的转移。

屏幕科技对儿童大脑发展的影响

一位研究脑退化的科学家和专家，巴朗斯·苏珊·格林菲德认为：高科技正在塑造这样的一代人，他们既不会独立思考，也不会换位思考。有史以来第一次，人类的个性在被动状态下被大量的信息抹杀（电视和电脑）。

格林菲德认为：玩电脑游戏会使大脑的愉悦中心之一产生大量的化学多巴胺，那个位置和前额叶皮层相关联。太多的多巴胺（产生于各种的“瘾”）会减少前额叶皮层的大脑活动，扭曲儿童对自身行为意义和后果的意识。多巴胺会给人带来愉悦感，导致自我意识膨胀，而这种愉悦感会使人欲罢不能，游戏上瘾。

格林菲德还指出："大脑具有可塑性，极强的可塑性，大脑随着环境而改变自己的行为"。

然而，相当多的研究认为：计算机技术、电子白板和电视会帮助孩子获得成功——通常受既得利益的驱使。民众也普遍相信：没有这些设备的辅助，孩子的学习会落后。因而这些设备得以侵入早期教育中，取代书本，取代孩子与孩子之间、教师与孩子之间的互动教学。（2000年，在英格兰，ICT在学前教育机构的使用成为法律规定，这又增加了孩子待在电子屏幕前的时间。）

情感冷漠

大脑依赖经验的天性意味着脑组织总是慢慢地适应：发生了哪些变化？80年代，德国图宾根大学的生物心理学研究显示：在大脑做出反应之前，嗅觉、味觉、视觉和听觉需要更高水平的刺激，比如味道更强烈些，更咸些，更甜些，声音更大一些！

汉纳·厄特尔，来自慕尼黑的一名心理学家，认为："嗅觉和味觉的感受性有着显著的退化……大脑已设立新的阈值，拒绝接受低于这一阈值的感觉——这些在过去会无条件接受的感觉。大脑对相当比例的刺激拒绝采取行动。对大脑皮层相应中心的刺激越来越难。换句话说，大脑需要更多，更多，更多的刺激。”

这个反应阈值也有着令人担忧的道德意蕴。由于我们在电视上、电影院、电子游戏中看到了太多谋杀、死亡和暴力画面，情感冷漠开始显露。50年前，那些不能让孩子看到的，即使成人看到也会引起反感的画面，现在我们熟视无睹。与敏感不同的是，我们正在见证令人担忧的“社会脱敏”。儿童早期感官体验的质量，在很大程度上会决定他的“人性化”进程——华德福教育无比珍视的进程。

儿童也成为凶手，我们已经在世界范围内见证了一系列令人不安的事件。虽然没到那么极端的程度，但同样值得我们的关注。儿童健康不佳的情况在增加：哮喘、焦虑、过敏、湿疹和多动症。受到污染的童年同样需要我们的关注，就像环境问题一样。

保护孩子富有想象力的潜能

……未能发展成意象意味着没有想象力。这比不会做白日梦严重得多。对于儿童来说，意味着不能看出数学符号和文字的意义；也无法理解化学公式和文明观念。

他们也不能理解宪法权利法案的微妙，而且这些抽象的东西总是让他们感到困倦。他们所能看到的是对他们身体的冲击，而且如果没有这些“冲击”，他们会感到局促不安。他们通过不断的运动或者激烈的言语互动，启动更大的刺激，以应对感觉剥夺，我们常常将其视作早熟，但其实这是一种言语机能亢进，用于填补（电子屏幕）“习惯性轰炸”的空缺。

孩子有时候需要的是成年人耐心、安静和专注的陪伴。

[第八章]

孩子何时准备好上学

· · ·

在我们开始思考之前，在我们开始将思考付诸行动之前，我们必须体验好奇感。

——鲁道夫·斯坦纳，《感官世界和精神世界》

好奇感

华德福幼儿园的一项重大使命就是，唤醒和保持幼儿的好奇感。

孩子和自然的关系，创造性游戏，童话故事的丰富画面，偶戏的神奇特质，节日庆典中体验的敬畏心、氛围，教师本身的姿态和状态——孩子进入了一个好奇感得到认可的环境，这是儿童探索知识、发展自我的基础。好奇感正是求知的种子，童年是人类好奇感的第一守卫。

好奇感是获得探索乐趣的第一刺激因素。勇敢无畏的年轻“探索者”发现了一个充满无限可能的世界，总有意想不到的收获。而在正规的教育模式中，孩子只能局限于顺从老师的指导和教导，或者回答问题。

为什么幼儿园不应该像学校

……2001年的《不让一个孩子掉队》法案明确要求联邦公立学校给予学生更多的教学辅导。有人表示怀疑……难道孩子不应该探索、询问、游戏和发现吗？也许直接的辅导可以帮助孩子学习一些特定的知识和技能，但是好奇心和创造力呢？从长远角度看，这两种能力不是更重要吗？《认知》杂志展开的两项研究肯定了怀疑者的看法。教师可能教会学生更快地回答问题，但是学生更没有可能去探索新的信息，制造新的解决方案……众所周知，教师可以帮助学生在标准化考试中取得好成绩，这是政府衡量学校实力的标准。好奇心和创造力则是难以衡量的。

——埃里森·高普尼克，

加利福尼亚大学儿童发育科学家

忙碌的孩子——太多，太快

为什么随着人类寿命的延长，童年的时间却缩短了？

几乎在任何一个地方，我们都能看到这一令人不安的现象：儿童被送到早教中心学习各种知识的年龄越来越小。

教育学家、家长、教师、政策制定者越来越无法判断，儿童发展阶段的正确时机，以及如何选择正确的课程，以确保适合儿童的发展阶段。成年人真正应该做的是认识每个发展阶段的特质和需要，选择真正适合儿童的教育。这样的话，孩子将不需要匆匆忙忙地成长，免受过度焦虑的侵扰，免除过高期望带来的负担。家长对孩子过高的期望经常会导致行为困难和情感不健全。孩子可能过早地被贴上各种标签——学习困难、多动、社会另类、落后等等，在他们只有五岁的时候！

弱势儿童

“基础阶段”和“入学准备”这两大描述早期教育的词汇，已经进入教育政策。它们对于儿童入学学习音标、电脑、阅读和写作之前，需要具备的能力和技能都提出了要求。这当然也带来了危险，因为儿童早期这一特定的阶段，有着自己独特的需求和内在发展的准则。

另一个观念也需要我们重新加以考虑。我们普遍担心，弱势儿童一旦进入学校，会发现他们面临的不公平。当然，政客们会竭力解决这个问题，因为他们不想被认为对弱势儿童的教育不够尽力。

不幸的是，在这些儿童达到法定入学年龄前，他们不得不学习音标、电脑、阅读和写作，我们普遍认为这样可以保证他们未来的社会地位。然而，弱势儿童的“弱”经常表现为语言行为问题，需要在学习阅读和写作之前得到治疗。在他们进入学校之前，慢下来，打下坚实的基础——社交、沟通与倾听技巧、自我控制、专注力和毅力。儿童早期发展的很多问题都和注意力有关。如果避开这些问题，匆匆让孩子入学，我们将要付出的代价是：学习障碍和情感不健全会伴随他们一生。

忙碌的教师——时间的礼物

忙碌的孩子是忙碌的教师的影子。

孩子被迫在匆匆忙忙中度过童年，强调考试成绩，排名表，孩子之间、教师之间、学校之间的互相竞争。曾经内容广泛、健康的教育面目全非：理想的泛滥替代了思想的繁荣；繁杂的学术目标替代了高贵的人性；学习内容局限于算术、识字和信息科技；学校排名分类，文书工作，官僚制和问责制……凡此种种，给教师带来巨大的压力，他们几乎忘记了自己进入教育事业的初衷。孩子们感觉到教师的压力，也会做出反应。

本书中描述的人类品质——热忱、主动性、社交技巧、情感和体能、自我控制、专注力，来自童年游戏的求知欲——这些是我们为下一阶段的学习所做的整体准备。我们需要时间打下坚实的基础。

这不是浪费时间，也不是缺乏志向，而是积极地训练耐心，展示出对人类发展智慧的理解和尊重。

华德福幼师需要从容不迫的工作环境，为儿童的早期各方面的发展带来全方面的滋养。这一教学方法为“基础”一词提供了新的含义。

教育是一段旅程，不是比赛

六岁生日被很多教育学家和心理学家视作一个转折点：孩子之前还不具备的能力现在自然成为可能。孩子的算术和识字能力常常被视作早期干预的正当理由。我们不得不再问：在早期干预的过程中，我们失去了什么，当孩子失去了童年的乐趣，那些早熟的“学业成就”有何意义？

在保持身心健康的基础上，为了强化记忆力和理解抽象概念，孩子需要打下坚实的基础，然后在此基础之上学习新的技能。发展的特定阶段需要完成，特殊的品质和能力需要呈现和加固。孩子需要在各个方面做好准备，不仅在认知程度上，还要在身体上、情感上、社会化程度上做好准备。

入学之后

我们需要知道孩子入学之后面临的各种苛刻要求。在这么小的年纪，在新的学校，他们究竟会体验什么?

我们的整个“教育气候”是这样的：正式地学习算术、认字，开始接触信息科技，玩耍的机会相应地减少甚至消失，如果孩子只有四岁的话，这是个很严肃的问题。

无论多么不情愿，家长也不得不适应竞争的氛围，而且会非常焦虑，担心自己的孩子输在起跑线上。玩耍的时间和环境都消失了，天性爱动的孩子不得不变得规规矩矩，“端坐”，“注意听讲”，等待着一份份测试记忆力的成绩报告。

尤金·施瓦兹在他的著作《千禧宝贝》中，描述了儿童世界各种可能的过早收缩，和对创造性潜力的约束。

读写能力

在华德福幼儿园中，儿童接受了母性化的语言学习。口语被认为是儿童读写能力发展的第一步。

六岁的孩子尤其口齿伶俐，因为他们已经积累了丰富的语言内容：故事、歌曲和晨圈的诗歌（一般是外语的），而且在不断地重复演示中，他们扩展了自己的词汇量。另外，他们已经具备了读写的最重要的先决条件——听力和注意力。华德福幼儿园不会有太多打印的文字资料，但是绝对能让孩子体验到丰富的语言内容。自主游戏的时间和空间确保了这些技能提前得到训练和强化，因为在角色游戏和参与活动中，孩子之间会有大量的互动，促进语言能力的发展。

读写的基础：丰富的语言体验

每个人或者每群人在学习读写之前，都要首先建立口语基础。口语支持读写能力，为形成读写能力提供动力。口语技巧是非常重要的，因为读写能力不只是纸面书写。它是一套关系和结构，一个内在映射到经验的动态系统。一个人的口语能力决定了他的读写能力……但是我们的口语使用越来越少，口语能力几乎被毁掉了，因为各种电子产品的介入，从电视到电影、媒体播放器、电脑和电子游戏。在教师和家长准备养育有文化的孩子之前，应该首先确保他们的口语能力没有被毁掉。

——巴里桑德斯，《暴力，电子媒体和文字的沉默》

发展专注力

越来越多的媒体报道了教师不得不面对的儿童的破坏性行为，如故意扔东西，从椅子上掉下来，异常地大声喊叫，无法端坐，不能专心等，这些行为意味着很多孩子进入一年级的时候没有准备好自我管理的意志力（参见第三章），以应对这一阶段所要获取的算术和识字能力。

华德福教育有一个重要的准则用以判定儿童从幼儿园过渡到学校的时机，那就是：儿童已经完成了这样的发展阶段——可以通过行为与实验自然地学习。孩子必须自愿地配合正规的学习，而不是通过哄骗的手段被迫学习。他们通常不会表现出这样的特质，除非他们在三到五岁之间经历了以游戏为基础的学习。

如果我们想走捷径（让孩子四岁开始上学），那么孩子错过了积极探索世界的过程，后果可能是孩子无法进行自我控制。我们不能强迫爱动、无法自控的孩子安静专心，我们需要等待这样的信号：孩子做好了下一阶段的准备，能够自我控制和自我引导。

在华德福幼儿园的最后一年，孩子六岁了，他们积极爱动的天性开始安静下来，他们开始思考。当然，六岁的孩子仍然非常喜欢，也会积极要求参与活动（手工、木工、绘画、蜂蜡塑形、编织和缝纫），这些都需要较长时间的注意力和毅力。他们的技能给他们带来了真正的乐趣，他们也很享受一件作品的完成。他们自主游戏的时间减少了，他们更愿意坐在老师身边，学习新的技能。他们十分自信，负责，独立。

从两岁时不由自主地运动，经过了创造性游戏阶段，六岁的孩子表现出新的能力：有目的的专注力，这是开始正规学习的重要基础。

现在，排除了那些不必要的障碍之后，华德福学校的老师可以开始他们的工作了。幼儿园老师送给他们一份伟大的礼物——真正准备好学习的孩子,因而他们的工作会更加高效。

过分活跃的孩子的“问题”

在这里，我们忽略了一点：孩子的活泼爱动，是不是自然现象?

且不说儿童肥胖已成为一个普遍的社会问题，我们很费力地将他们塞进汽车座椅或者儿童车里，让他们安坐在电视或者电脑前。许多传统的儿童游戏受到了各种危险评估的影响而停止，我们不得不让他们待在室内，要求他们专心地开始学习阅读和写作，而且如果他们极端不配合的话，我们会使用利他林（治疗多动症的药物）治疗他们。

我们,作为成年人,难道将儿童活泼爱动的天性视为“麻烦”吗?我们需要用药物阻止他们，麻木他们的活动吗?（2000年10月，英国BBC对一个可怕的数据提出了质疑：在英国，150000名儿童使用利他林；在美国，1/5的儿童使用同样的药物。）

儿童爱动的天性之所以成为问题，也许是因为家长的期盼有问题。我们希望他们“安静”下来，而他们不配合，于是就有了问题。如果我们没有希望他们停止运动，我们将爱动视为必然的现象，欣然接纳，于是问题就消失了！如同我们前几章中讨论的，孩子完成了“必修课”（自主游戏的阶段）之后，就有了自我控制能力，准备好了迎接下一阶段——教师指导下的正规学习。我们可以观察到：孩子从习惯性模仿和自主游戏，过渡到欣然接受教师辅导的能力或者状态。

在华德福早期教育的重要原则的支持下，幼教师帮助幼儿创造节奏感的体验，建立良好的习惯，提供榜样以模仿，提供自主游戏的机会和有意义的活动（室内，室外）。教师巧妙地引导孩子，主动控制自然的冲动，积极表达对活动的渴望。

情感的准备

“多元智能”概念越来越被人们所接受。丹尼尔·戈尔曼的畅销书《情商》挑战了我们对大脑智慧的成见。对智能这一概念的拓展可以引导我们思考儿童入学的情感准备。这包括：儿童与同龄人的互动关系；面对问题和困难时的反应；团队合作的能力（不能总是用自己的方式）；欣然接受必须要做的事，而不是想做的事；对其他孩子的命令不能总是顺从——还有很多反应他们情感方面的发展的特质。

如果儿童在入学之前没有做好情感方面的准备，他将会缺失重要的社交技能；面对学业方面的压力和各种严格的限制和约束，孩子很容易出现行为问题。

一般来说，幼儿园的孩子只有在最后一年才表现出理想的社交技巧——照顾小孩子，支持或者自愿协助老师的工作，对自己的言行有意识——他们会带着这些珍贵的技巧进入下一个阶段。

生理的准备

小学的班级和幼儿园相比会大一些，师生比例也会高一些。一个老师带30个学生的班级是很常见的。学校的操场通常很拥挤，四五岁的孩子也许不得不和大孩子挤在一起，地面很硬，很多游戏不可能做了。每天在校的时间很长，家长很快发现这对于孩子来说很难；学校的要求很多，很多孩子表现出身体的和情感的疲惫状态。

英国神经生理心理研究所的主任，莎丽·哥达德·布莱斯指出：教育者和政策制定者需要理解儿童入学前的生理准备，特别是四岁就入学的孩子。

她认为，孩子的大脑为不同发展阶段的各种学习做好了准备，我们需要理解左右脑的发展和它们的特殊功能，作为评估正式学习开始时机的基础。右脑的发展发生于左脑的整合之前。

“右脑发展的最佳时机是四到七岁，这个阶段的学习主要和感知活动有关……因而这个阶段孩子以游戏为主。孩子的右脑看到的单词都是图片，他不能将‘图片’拆开，利用其中的字母组合其他单词。这是左脑的强项。”

她还引用了《教孩子读，写，说》中的话 :“孩子左脑中的阅读中心将声音和字母组合，从而正确地发音。”

与教师关系的变化

在幼儿园的最后一年，六岁的孩子会表现出对老师特别的爱戴和崇敬，如果之前的发展阶段没有问题的话。他们一般会希望坐在老师身边，晨圈的时候站在老师身边 ; 女孩子们会自然地表现出对老师的情感，男孩子则会请求老师的帮助。在孩子们看来，老师已经从一个可以模仿的对象变成了被他们接受，被他们热爱的领导。这就是另一种层面的“准备”——接受来自权威的知识的意愿，之前孩子们是通过模仿老师而学习。现在孩子已经做好了准备，准备迎接新的权威——小学老师!

合适的入学时机

孩子一般会在满六周岁后进入华德福小学。每个新生入学的日子，“交接仪式”不尽相同。刚满六周岁（入学前三个月刚刚满六周岁）的孩子，学校会特别慎重考察他们是否准备好了入学。这些孩子几乎比班上最大的孩子小一岁，研究结果显示，他们在日后的学习中，尤其是中学阶段会非常的吃力。他们可能在短时间内做得很好，但是困难会长期伴随着他们，因为他们需要应对同龄人的压力、性别困惑和学业检测的要求，而他们的心理生理成熟度都不足以应付这一切。男孩子在这方面的困难尤其明显，他们很难安静下来，接受正式的学习，因为他们只想参与游戏，而不是参与学习的过程。

在很多国家，对于入学年龄仍然有着硬性的规定：满六周岁。华德福教育在这一点上与主流教育不谋而合。然而，在有些国家，比如英国，法定的入学年龄提前至五岁。迫于未来的竞争压力，有的家长甚至将四岁的孩子送入学校。当然，很多学校接受孩子入学是因为非常可观的“赞助费”，而不是孩子已经准备好入学。如果单单以孩子的年龄生日来决定入学的话，孩子未来的身心健康也会受到影响。

学校准备评估

由于每个孩子都是不同的，华德福学校会给出特定的时间，针对每个孩子的特殊需求，与家长共同讨论一些重要的问题。华德福老师会给出中肯的建议，这些建议来自他们的工作经验，他们对孩子的观察，还有他们从华德福教育原则中领悟到的见解。通常会有一个见面会，参与者主要是关注孩子身心健康的人：父母、主班教师、科任教师和校医。这就意味着，学校为每个孩子的入学做好了全方位的准备。

一旦做好了入学的决定，下一步要考虑的就是从幼儿园到一年级的过渡。每个幼儿园和学校都有自己特定的方式，但是几乎所有的幼儿园老师——通常是陪伴、观察了孩子三年的老师——都要和孩子未来的小学老师分享孩子的成长过程中那些珍贵的点点滴滴。通常是某个早上，在见证了孩子们成长的幼儿园中，有个小小的庆祝仪式，幼儿园老师将孩子“交接”给他们未来的主班老师。无论以何种形式，最重要的是，孩子跨越了彩虹桥，从幼儿园到了小学。

1

2

3

Free to Learn

第三部分 全球华德福教育实践及其根源

Current Global Practice and its Early Roots

“我记得有天早晨，我在树皮上发现了一个蚕茧，壳里好像有只蝴蝶蠢蠢欲动。我等了一会儿，后来我没有耐心再等了。我弯下腰，轻轻吐气温暖它。很快，比我想象的还要快，奇迹发生了。

“蚕茧的壳破了，蝴蝶颤巍巍地爬了出来，当我看到它皱巴巴的翅膀时，我很害怕，我永远都忘不了那一刻；可怜的蝴蝶摆动身体想要展开翅膀。我再次弯下腰，轻轻吐气温暖它。但是这次我失败了。蝴蝶需要的是耐心地孵化，她只有在阳光下才能慢慢展开翅膀。太晚了。因为我的缘故，蝴蝶提前破壳而出，使它的翅膀永远无法展开。它挣扎了几下，最后死在了我的掌心里。

“那个小小的尸体，一直压在我的心头。今天我想请求宽恕，我践踏了自然法则，杀死了一只蝴蝶。我们不应该匆匆忙忙，我们应该有耐心等待，等待一只蝴蝶慢慢破茧而出。”

——《给格列柯的报告书》

[第九章]

一条河流，众多分支：国际上有关华德福的研究

· · ·

针对权力狂、种族仇恨、宗派主义、原教旨主义的解药就是，用爱去接近一个人，理解他的不同，感受他学习和发展的能力，感谢他的独立精神。

——尤特·克雷玛，《贫民窟的孩子》

在本章中，我列举了全球范围内一些华德福幼儿教育活动的例子。这些“本土化”的学习研究将呈现给读者全球华德福运动的多样性。这些事例共同展示了华德福教育的独特性、国际化、适应性和文化多元性。

南非

开普敦的周边地区住满了到这里来寻找工作的人。他们住在铁皮木板搭建的棚屋里，木材和配件是从建筑工地捡的。卫生和用水无法保证，他们好像永远摆脱不了贫穷的厄运。自尊与希望是他们的梦想。一些勤劳勇敢的妇女在家中开起了托管中心，她们不得不用更多的铁片和木板扩建自己的棚屋，有时偶尔会找到像样点儿的房子。

华德福教师为她们提供了培训和支持。开普敦创新教育中心，和其他的华德福幼师培训机构一样，重点培养实际的教学技巧和积累培训经验，增强自信心。经过培训之后，她们开始相信自己，相信自己的能力，相信自己被破坏的文化，正视自己的种族隔离历史。

我们的工作是让这些饱受压迫的心灵得到释放和安慰。通过优律思美、湿水彩绘画、蜡笔画、蜂蜡模型和手工，让她们得到自我发展。开始相信自己和自己的能力是改变的第一步，她们最终会成为一个全新的，为自己、人类和种族文化感到骄傲的幼儿教师，用自己的积极态度感染所看护的孩子。随后，我们的活动和教室都会有新的面貌，孩子们得到一些漂亮的玩具，他们对此一直很向往，还会有一些新的游戏，支持幼儿的健康发展。

（以上节选自《南非的合作幼儿园》通讯，此次再版得到了南非开普敦创新教育中心的许可。）

华德福培训教师和学生（来自开普敦镇上的妇女们）之间的互动为华德福教育的跨文化整合的可能提供了成功的范例。这些学生逐渐意识到，孩子所需要的不仅是安全可靠的住所和食物。培训教师鼓励她们收集一些天然的材料，训练动手能力（手工、木工、绘画），自己制作玩具，同时发展对游戏、家事活动、故事、歌曲、诗歌的疗愈作用的理解。这和她们的科萨文化形成鲜明的对比。

毕业之后，她们会继续在自己的幼教中心工作。这些中心大都位于后院中，虽然没有家具或玩具，但这个地方依然吸引了家长和孩子，四五十个孩子是很常见的。

1998年，她们得到了进一步的支持，一队科萨人实地考察了幼儿园，捐赠了一些基本的儿童游乐设施。“南非合作幼儿园”计划开始启动，旨在建立全世界的华德福幼儿园和南非的华德福幼儿园之间的合作。希望这一跨文化的合作机构能为南非的华德福幼儿园提供资金、设备和支持。内罗毕和肯亚已经展开了远程培训，学生来自肯亚、乌干达和坦桑尼亚；一些展示中心也成立了，在那里，学生们可以见证华德福教育和本土环境的亲密结合。

巴西

20世纪70年代末，尤特·克雷玛，一名在圣保罗华德福学校工作的德国教师，在一个叫蒙蒂阿祖尔的贫民区开了一所小学校。尤特从1966年开始在隆德里纳的一个贫民区做义工。在德国完成华德福教师的培训后，她开始在圣保罗华德福学校做主班老师。贫民区孩子的生活状况和华德福学校里学生的生活形成了鲜明的对比，她意识到了赤贫的巴西黑人和富裕的白人之间的鸿沟。

虽然继续着华德福教师的工作，尤特仍然和贫民区的家庭保持着联系，渐渐地，来自贫民区的12个孩子过来和她一起在圣保罗生活，她给他们提供生活上和情感上的支持。这个收养家庭吸引了更多来自蒙蒂阿祖尔贫民区的孩子，他们是从乞讨食物开始的。她将他们形容为“没有童年的孩子”。尤特再次意识到华德福的学生拥有如此多的机会，而贫民区的孩子拥有的如此之少。她萌生了一个念头：华德福学校的学生们应该为贫民区的孩子做些什么！“有天早晨，我鼓起勇气将我的想法告诉了孩子们，孩子们的反应很热烈，他们纷纷表示：我可以教他们舞蹈、编织、手工，我可以和他们一起做游戏。我们可以为他们收集衣服、蜡笔和画纸。当然，这一切都会在我的家里发生。我可以利用后院的旧房子，于是我们就开始了。”（尤特·克雷玛，《贫民窟的孩子》）

尤特在她的书中写道：她有时会带40个贫民区的孩子到华德福学校来参加圣诞节的节目表演。有时会组织他们去爬山或者去海边。随着空间日益局促，尤特开始收集一些废弃的建筑材料，后来收到了来自德国的资助，终于在一块荒地上建起了房子，就是今天的蒙蒂阿祖尔社区协会。尤特最初的个人努力现在得到了145个合作者的长期支持，他们中的60%来自贫民区，曾经得到过巴西和国际志愿者的支持。

尤特的工作已经扩展到了其他的贫民区，依据华德福教育的方法和人智学的观点，开展了很多的活动，比如，可以接收400个孩子的幼教组织；提供各种培训的工作坊，包括木工、烘培、机电、艺术活动、家具循环利用、幼儿园培训、健康服务和治疗实践等；充满活力的文化项目，吸引了来自巴西和世界各国的艺术家。这个组织（ACOMA）也得到了来自巴西政府和其他国家的奖励。

尤特列举了一些数据，在巴西，100万儿童睡在大街上，50万儿童住在孤儿院里，35%的人口没有接受过任何教育。面对这种状况，我们需要尽可能寻求解决办法，比如社会经济体制的改革和国际援助，尤特这样理解“贫民区的孩子”:“……只有他们相信人类可以创造奇迹，愿意携手努力，才可能取得进步。认识到人的存在不只是一种物质形式，而是一种精神实质，认识到每个个体都是一个创造性的精神体，我们来到世上是为了寻求自由、爱，并且将这种精神传承下去，这应该是我们做社会工作的出发点。

只有抱有这种信念，每个个体灵魂才能加入一场强大的运动，这场运动旨在反对：

对权力的追逐、自我欲望的膨胀和对人性的蔑视。

巴勒斯坦

在加沙地带，沙地是最糟的难民营之一。在这里开办幼儿园，需要老师机敏灵活，时刻保持高度警惕。即使每天只活动几个小时，也是困难重重：局势动荡，人们永远生活在紧张不安中——我们会面的时间和地点经常是临时拼凑的。

比如说，我的车上也经常坐满了来帮忙的以色列或者阿拉伯朋友，当然他们是经过乔装打扮的。在我们早上6：30动身前，我需要收集关于我们的目的地的必要信息；然而，两个小时后我们可能得到通知，“营地”受到戒严，或者我们的司机，本来在边界对面等着接我们，现在已经被捕了；或者刚刚开始缝纫或者编织十分钟，我们被紧急要求离开营地，因为士兵有权利搜查每间屋子。（作为一个以色列裔的德国人，我是安全的，我为我处在危险中的朋友感到紧张和担心。）

有一次，我来到营地，带着我计划好的节目：讲童话故事和手指游戏。但是那一天我们所做的事没有一件和讲故事或者手指游戏有关：处在危险中的家庭，医院中病危的病人。我为什么要告诉你这些？不是因为我们，而是因为那些经历所有这一切的儿童。每家的房子都在战火中风雨飘摇。孩子们不停地躲藏、逃跑，爸爸或者妈妈，或者其他家庭成员被捕了——还有，被袭击之后的丧亲之痛。

这里永远没有安宁：新闻广播或者音乐，枪击声，激动的谈话声，愤怒的哭喊声，恐惧，紧张，石块撞击门或者铁皮屋顶的示威声，房屋倒塌的声音，葬礼中的哀号声。这就是巴勒斯坦加沙地带的儿童每天的生活。晚上也不得安宁，孩子饱受焦虑和无眠的折磨——因为逮捕和爆炸通常发生在凌晨3：30左右。每个夜晚都伴随着过去一天不堪忍受的痛苦回忆：在大街上，在市场里，在幼儿园，在家里……因为恐惧和危险，孩子们从来没有过一次安安静静地散步，在草地上和羊群玩耍，钓鱼，或者在沙滩上捡贝壳的经历。只有失眠，尿床，严重的健康问题如肾病或者心脏病（仅仅三岁的孩子），情感的麻木，当然还有暴力行为。毫不奇怪他们的游戏总是模仿殴打、投掷石头、被捕、入狱、枪击和杀害。

我尝试——虽然经常会失败，或者做得不够到位——让孩子们安静下来，用笑声给他们带来宽慰，真正的孩子的笑声。当我们坐下来一起玩耍的时候，他们有时会暂时忘记外面的战火。在我最后一次去营地的时候，我准备了皮影戏，给70个孩子表演古老传统的《星星的孩子》：不断重复着一个人温柔地触摸另一个人的影像。房间里安静得几乎可以听见心跳声。

最近我结识了一个阿拉伯学生，将会来帮我做翻译。还有一个阿拉伯医生将要来访，帮助那些有需要的孩子。我们的下一步计划是将一些童话故事和手指游戏翻译成阿拉伯语，也许会打印出来供那些占领区的幼儿园使用。

在暑假的时候，为了防止那些大孩子在充满危险的街道上整日游荡，我为他们组织了一些工作坊：编织、蜂蜡塑形和绘画。在伊拉克战争爆发前的最后几个月，营地的老师们和我一起组织了一次华德福义卖活动：义卖我们一起亲手制作的玩具和玩偶（之后，他们在戒严期间又继续做义卖）。这种活动是非常危险的——像任何独立的政治活动一样危险。在战争前的最后几个星期，我也不得不带上了面纱。与此同时，华德福偶戏也传播到了其他的营地。我有时候感到自己生不逢时；但是很快，当我离开营地的时候，我又满怀希望，希望我们可以暂停这永不停息的灾难，哪怕是很短的时间。

北美

旧金山的索菲亚项目树立了一种城市育儿新模式。儿童节目编导卡洛·科尔在拉斐尔儿童之家发起了这个项目。卡洛本身的工作包括：蒙特梭利教育，特殊需要儿童的教育，华德福教师培训，还有和难民营的孩子一起工作的经历。卡洛在南非的坎皮尔社区（以华德福教育理念为基础的社区）成立了一个多元文化幼儿园。

索菲亚项目旨在发展这样的社区：无家可归或者处在危险中的妈妈和孩子，通过相互支持，努力提高自身的社会地位。在这里工作生活的所有人，作为一个整体，刻画出了人类的"形象"。这个整体性的理想可以帮助创造一个有利于妈妈和孩子得到疗愈的环境。华德福教育的疗愈特质可以帮助他们建立健康的、滋养的关系，和别人，和世界，当然，还有和自己。

我们需要一个致力于这项任务的社区；教师通力合作，照顾孩子，妈妈们已经开始看到合作和信任可能给他们的生活带来的丰富内涵。索菲亚中心将会为妈妈和孩子们创造一个安全的环境，加强信任和合作的体验。在中心的这种体验会有助于他们发现自身和世界的丰富联系，以及他们自我存在的整体性。

我们将要和奥克兰的一个低收入居住区的儿童之家合作。那里有一些工作人员，一个托管中心，和一个为妈妈做日托培训的教室。我们希望建立三个托管小组，每组12个孩子，这样可以帮助到36个被忽视的家庭。我们会提供三大类的活动。首先，照顾孩子——基于华德福幼教原则的托管中心，帮助那些无家可归的孩子。也可以提供短期的托管。其次，帮助家长——旨在发现看管照顾孩子的新方式，帮助那些曾经有虐待儿童历史的家长（主要是单身妈妈）摆脱过去的阴影。工作人员将需要学习如何支持而不是侵扰，帮助他们而不是替他们解决问题。我们还会提供培训：资金预算，书写简历，寻找工作，对食物、衣服、住房和医疗服务需求的评估。最后，建立起一门生意——比如商店、饭店、街角市场，盈余利润将被用于支持前两项活动。

我们希望利用我们在一起的活动——节日庆典、准备饭菜、园艺管理——加强“家庭文化”。每一个妈妈都要在中心学习如何做母亲，同时丰富自己的生活。有些妈妈将接受我们的培训，作为本州的福利项目。

通过我们共同的努力，妈妈们在成长。她们同时得到了疗愈，证明了华德福教育的疗愈功效。对于孩子，特别是受到过伤害的小孩子，我们可以看到孩子在游戏中得到疗愈。有1/3的孩子受到过性虐待，他们还不到五岁。这让人感到非常难过。他们中的大部分受到过身体上的虐待，他们没有家，不得不经常从一个地方搬到另一个地方。他们和妈妈的关系很紧张，因为妈妈本身承受着巨大的压力。这也是妈妈们接受培训的重要原因，她们可以暂时将过去忘掉。

华德福幼儿园如家的氛围和节奏可以保护孩子，这对于那些无家可归的孩子非常重要，他们特别需要这种氛围，为了他们的健康发展。

[第十章]

全球华德福幼儿园教育组织

· · ·

唯一有可能在当代成为现实的就是，克服和消除狭隘的民族主义，激起人们的全人类大团结的理想。

——鲁道夫·斯坦纳，《节日及其意义》

本地多元化，全球统一性

广度和多样性是华德福教育最显著的特点，这在早期儿童教育史上是相当独特的。华德福早教中心已经遍布世界的各个角落，它们都反映和承载了当地的文化特性，同时和世界各地的华德福早教机构共享同一教育理念。从各种意义上来讲，这真的是一场现代多元文化运动。

虽然每个幼儿园和学校都遵从华德福幼儿发展的教学原则，但是每个教师的创造性都可以为这一宗旨带来新的灵感。

每个学校也要表达当地的文化，满足每个孩子的个性需求。每个幼儿园和学校既有其独特性，也有共性。华德福教育不断地审视其教学实践，演化出新的模式以适应社会的发展。我们一直在探索连续性和创新之间的微妙平衡。

每个国家通常都会成立华德福早教协会。这些协会组织教师培训，提供地区性或全国性的培训服务，成员的认证，注册和指导工作，还有组织华德福早期教育发展有关的问题讨论。

国际华德福幼儿园联盟

与这些国家机构同在的还有一个国际组织。下面的节选来自《华德福幼儿园概述》（北美华德福幼儿园协会出版），赫尔穆特·冯·库格尔金博士描述了各个国家华德福早期教育协会开始的情景：

60年代末，世界各地响起了统一口号：儿童期所受的教育对于人的命运有着终身影响，教育问题成为报纸的头条新闻。然而，家长感到无比的困惑，因为之前的教育专家们普遍赞同认知教育对未来的重要性，这种说法还得到了大众媒体的支持。

相反，一种反对权威，强调生活本身的教育，很快显示出了其影响。这就是极富挑战性的华德福教育：迈向健康的教育，保护孩子的童年，反对儿童七岁之前的认知教育。华德福的幼教工作者开始在媒体以及新教育论坛上讨论华德福幼儿园多年的教学实践。

华德福的幼儿教师、学校教师、博士和科学家举办了很多的讲座、集会和会议，为健康的童年共同努力。他们散发传单和手册，展示健康的儿童发展阶段和儿童通过模仿而学习的各种活动。这些模仿活动展示出教师在幼儿园的合乎情理的实践活动。老师们对各种主题活动展开了讨论：自主游戏、天然玩具、语言发展、讲故事、偶戏表演、音乐艺术活动、手工等；讨论也涉及孩子群体生活的社会道德素质，以及和家长的沟通。

为了回应北美华德福协会的活动，1969年，24个德国教育机构成立了华德福幼儿园协会，他们最关心的是为孩子争取人性化教育的权利。通过努力，他们为协会取得了合法证件，也因此产生了和其他国家华德福幼儿园合作的必要性——该协会很快与几大州的华德福幼儿园签订了合作协议。从成立之初，协会就致力于对危害儿童健康发展的片面的认知教育理论进行干预。

协会命名为“国际华德福幼儿园联盟”。董事会的成员来自很多国家，提供持续的跨越国界的经验交流。它关注的是建立和发展一种早期教育，需要家长的合作，这种教育符合人类的发展，保留孩子在成长中的创造力，并允许他们等待成熟的时机。

该协会体现了全球合作、促进新教育运动的强大精神。在某些情况下，一个发展成熟的幼儿园会“认养”一个资源缺乏的新的幼儿园，提供资金、设备和人力支援。他们会到另一个国家进行教师培训，输送教师资源。这些兼职的教师培训已经在印度和中东国家启动，来自美国、澳大利亚和英国的富有经验的教师在那里分享他们的知识和经验。很多人会在开始建立幼儿园之前，到国外去参加培训课程。

1955年，在克拉拉·海特曼恩——曾经和第一任华德福教师伊丽莎白·冯·格伦俄琉斯（参见第十一章）合作——的支持鼓励下，国际华德福幼儿园年度会议在德国汉诺威召开。第二次的年会在另一个国家召开，现在，每七年一度的国际华德福大会在瑞士歌德大殿举行。2006年，一个新的国际组织成立了——国际斯坦纳华德福早期教育协会（The International Steiner Waldorf Early Childhood Association，ISWECA）。

华德福早期教育提供了一系列的幼儿园（家庭幼儿园或中心幼儿园）形式：家长孩子小组，混龄（三到七岁）幼儿园，还有家长支持项目。

对多样性、差异性和机会均等的尊重

华德福教育的多样性是其显著特征，因其对机会均等这一当代问题的关注，日渐赢得了重视和尊敬。其跨越文化障碍的能力取决于多种因素，这些因素提升了万物之间的关联与相互包容。

在幼儿园里，我们并不会以传授知识的方式，讲很多关于人类多样性的细节，因为孩子太小了，无法理解这些，但是我们会着重宣讲人类的品质，有助于他们接受人类的个体差异。

在华德福教育者看来，无法像教授历史课那样教授包容心，因为包容心不是一种可以被立法制定的品质。包容心和道德联系紧密，而华德福教育正是重点培养孩子的道德发展。在幼儿园中，通过混龄分组、创造性游戏和教师示范，孩子的行为、社交和互动技巧得到发展，而幼儿园的整个氛围培养了孩子的敬畏心。这些品质为日后学校教育对道德的强调打下基础，而且，华德福的整个课程会引导孩子逐渐认识到人类的多样性。

同情是一个宽容的社会所必须具备的。在华德福幼儿园，通过模仿和榜样（参见第四章），还有创造性游戏，这一基本的人类品质得到了培养，因为孩子们在游戏中不断地体验“别人的感觉”，和别人合作，解决冲突，接受不同的观点，一起做决定。

社会化显然是孩子迈入社会进程中一个重要的阶段。华德福教师总是尽可能地为他们制造机会，促进这一能力的发展（参见第一章）。

庆祝人类的共性

鲁道夫·斯坦纳鼓励我们庆祝人类的共性，而不是过于强调差异性。他相信在未来，我们应该拒绝承认任何特殊的群体，同时增强对个体的认可和尊敬。如果发展中的孩子在每日生活中体验到尊敬和敬畏，那么未来社会需要的正确行为的能力就得到了发展。这种内在的态度让孩子认识到，需要尊敬和认可人类共有的特性，求同存异；这种共同的人性在个体“我”中得到表达。

当然，华德福教育旨在加强个性，强调个体认同而不是集体认同，最重要的是发展道德个人主义，脱离了个人专制主义的个性，这一特征使得自我个性有别于他人的个性，因此我们可以作为个体面对另一个个体，“我”和“我”的对撞超越了个体差异。“我和你”，“我和我们”之间建立了健康的平衡。

国际化的、跨文化的华德福教育蓬勃发展的另一个要素是共同的教育宗旨和准则。

所有华德福学校共同的源头促成了一种世界范围内的合作氛围。

伯纳姆·伯纳姆，1936—1997

1988年，当澳大利亚的人智学社区准备这个国家的两百年庆典时，他们将注意力集中到了对原住民的研究上。他们发现了一个原著民，伯纳姆·伯纳姆。他在很小的时候离开了母亲，被一些社工抚养长大，他是原住民儿童“迷失的一代”中的一个典型。他长大后成为作家、演员，为同类人的权利积极活动。

他加入了人智学社区，和澳大利亚的一些人智学学者和华德福教育者建立了深层次的关系。他经常提到华德福教育具有这样的潜质：恢复土著儿童自尊，接受和保护他们的自然灵性。他既爱迪志里杜管（澳洲土著人的乐器），也爱莫扎特，似乎象征着他具有全人类的特性，超越了文化和种族界限。

资金问题和学校的可接受性

我们在之后的几章会讨论到，第一所华德福学校受到了艾米尔·莫尔特烟厂的资助，但是烟厂不久也遭遇了经济危机。在某些程度上是因为其对学校的资助，因而学校不得不只对支付学费的家庭开放。直到今天，资金问题仍然是华德福教育的一个根本的实际问题。我们怎样才能做到接受政府资助的同时，保持根本的教学原则。如何让支付不起学费的家庭受惠于斯坦纳的教育思想。华德福教育工作者需要不断地捍卫华德福教育的完整性和多元价值论；在有些国家，华德福教育理念得到了尊重，引起了积极的反响；而在另一些国家，则找不到适合发展的土壤。

这种挑战留下了特别鲜明的印记，因为这种教育形式——对于儿童自我认同和自尊心发展的承诺，对于个体命运和个体自由的尊重，对于人类发展的丰富全面的理解，非宗教的、整体的、综合的意图——具有内在的疗愈功效，因而对于那些生于不幸中的孩子有着特别的价值。在童年早期，幼儿园活动中稳定的、令人安心的节奏，如家的氛围，参与创造性游戏的机会，对于那些焦虑不安的孩子来说太重要了。

1994年，联合国教科文组织就华德福教育发表如下声明：

“艰难环境中的教育：这种教育方式的独创性与其在全球范围内长期的实际应用，已经证明它是富有成效的，特别是在一些不利的环境中，比如贫民区、难民营和一些有武装冲突的地区，在这些地区，新的教育方式证明了比公立教育更加富有成效。下面几个试验项目是新教育获得成功的典型例子，它们对于其他地区或国家或许也有积极的意义。

- 苏维托和亚力山德利亚（南非）——不同的黑人社区学校和无种族界限学校。
- 肃特难民营（加沙地带）——一所华德福幼儿园，为巴勒斯坦儿童提供治疗教育。
- 赞格勒布（克罗地亚）——一所华德福幼儿园。
- 蒙蒂阿祖尔贫民区，圣保罗（巴西）。
- 好莱坞，贝尔法斯特（北爱尔兰），新教徒和天主教徒儿童在一起学习。
- 松树岭保护区，南达科他州（美国）——一所苏族印第安人学校。

华德福运动发展的一个突出的现象是创办第一所华德福学校的原动力的复兴（参见第十一章）。在世界各地，华德福的教师都在用他们的勇气和决心，努力满足那些出生于不幸的孩子的需要。前一章所列举的只是众多华德福幼儿园或学校中的几个，他们赋予了鲁道夫·斯坦纳的社会伦理以物质基础。

健康的社会生活应该是这样的：每个灵魂都成为一面镜子，反映整个社会；每个人的美德得以生存于社会。

[第十一章]

我们的历史根源：第一所华德福学校

· · ·

我同情工人阶级的遭遇，因为贫穷，无法和中产阶级享有同样的教育机会。我同样感到：如果我们利用工厂的条件，努力为工人子弟提供受教育的机会，这将多么具有社会意义……对于我来说，第一所华德福学校诞生于1919年4月23日。就在那一天，鲁道夫·斯坦纳在阿斯托利亚烟厂为工人们开办了一场讲座……

——艾米尔·莫尔特，

《艾米尔·莫尔特和华德福学校运动的兴起》

艾米尔·莫尔特和鲁道夫·斯坦纳

第一所华德福学校于1919年9月7日开办于德国的斯图加特，250个学生。

华德福阿斯托利亚烟厂的总经理艾米尔·莫尔特博士是学校的发起人。学校的建立证明两个人的共同努力得到了认可，他们共同播下的种子将成长为全世界最伟大的独立教育系统。“华德福”本来是德国西南部巴登的一个小村庄，是烟厂创办人（阿斯托利亚人）的家乡。

在他的自传中，艾米尔·莫尔特概述了他和鲁道夫·斯坦纳建立深刻友谊的过程。莫尔特和他的妻子贝尔塔都在积极寻求一种新的教育方式，一种和海克尔、达尔文的教育理论完全不同的方式。1902年，莫尔特参加了斯图加特神智学协会举办的一个讲座，之后不久，受朋友的推荐，就在同一年，他参加了斯坦纳的一个讲座。从那时开始，人智学成为他们寻求个人发展的途径，他们加入了人智学协会。当然，作为企业家的莫尔特和波尔塔需要为协会提供实际的支持，他们资助了多尔纳赫（瑞士）歌德大殿的建设；实际上，是莫尔特建议将其命名为“歌德大殿”。

三元社会秩序论

艾米尔·莫尔特没有错过一场斯坦纳在斯图加特的讲座，他很快认同了斯坦纳的观点：经历了一战的破坏之后，社会需要改造。作为一个具有高度社会意识的企业家，莫尔特对德国在战后探索的新的社会形式非常感兴趣。斯坦纳强调需要更多的根本解决之道，他称之为“三元社会秩序论”，莫尔特积极呼应。1919年2月12日，斯坦纳的关于社会变革的观点公之于众，《即将到来的社会改造》出版了。莫尔特后来在他的自传中提到：“现在已成为空洞口号的法国革命的三大精神：自由，平等，博爱，被他重新诠释和得以复兴，给我留下了深刻的印象。他将自由解释为自由的精神生活，将平等解释为人权，将博爱解释为经济生活。这本书成为我日后社会生活中的指导手册。”莫尔特领导先头部队，传播斯坦纳的思想，在德国、澳大利亚和瑞士引起了强烈的反响。

斯坦纳的愿景包含了三大独立但是相互合作的人类活动区域——经济的，政治的/人权的，精神的/文化的。四海一家的理想将会引导积极活动；平等的原则将贯穿于政治决定；所有精神和文化领域的问题都必须以保持自由为前提。

这种愿景背后的基本思想是：每个活动领域的自由受到伦理个人主义的平衡，虽然这三大领域会存在相互依赖、相互支持的关系，但斯坦纳认为教育（属于人类自由的精神/文化生活领域）应该独立于政府控制和经济利益。

自由基础之上教育的独立具有当代意义，因为在某些国家政治对教育的干预渐渐增强，和教育有关的决定来自政治中心，而不是来自精神文化需求。教育的最大问题是：受到了政治经济利益的干预，这是斯坦纳最为关心的问题。他认为积极从事教育活动、具有教学经验的教师应该是教育问题的决策者，因为他们通过直接的教学经验获得了洞察力，而这种洞察力是决策者所需要的。

第一步

在推广华德福教育理念的过程中，莫尔特为自己的职工开办了成人学堂，不久他产生了为孩子开办学校的念头。莫尔特明白，因为经济原因，工厂工人的孩子无法接受正规教育；他办学的想法得到了工人们的热烈支持。莫尔特找到斯坦纳，请斯坦纳策划、组织和指导这所为工厂子弟而举办的学校。

很明显，莫尔特创办学校的原动力来自社会，因为他对社会问题的关注——特别是对机会均等的倡导。他在自传中写道："创办学校的最初想法是一种社会行为，为了给工人子弟提供同样的受教育机会，就像富裕的家庭一样。"

莫尔特利用工厂的盈利，为学校资助了100000马克——这充分体现了斯坦纳三元社会秩序论的信条，经济活动必须支持文化活动，同时维持它的自由。斯图加特的文化部长支持这一事业，并且表明：他愿意尊重教师们的自主权。他特别欣赏一名实业家利用工厂盈利资助创办学校，让工人子弟享受免费教育的行为。

学校成立了

1919年8月，斯坦纳开始了培训教师的课程。培训内容后来出版为《人的研究》(*The Study of Man*，最近人智学出版社再版为《人类经验的基础》*The Foundations of Human Experience*)和《给教师的实际建议》(*Practical Advice to Teachers*)——这两本书现在仍然是华德福教师培训的基础教材。学校的第一批教师是来自华德福阿斯托利亚烟厂的职工，他们的酬劳按需索取。第二年，他们共同表达了这样的意愿：按照斯坦纳的三元社会秩序论，学校应该体现“自由的精神”，于是为了响应这一原则，学校被命名为“自由的学校”。由于烟厂子弟现在只占学生总数的一小部分，莫尔特无法再资助学校的无限增长。1920年，华德福协会成立了。

很快，学生总数超过了上千名，华德福学校遍布德国、瑞士、荷兰和英格兰。今天，华德福学校的原址成了一所教师培训学院，优律思美学校，研究院，学校，和人智学社区的分中心。

艾米尔·莫尔特继续支持人智学活动，斯坦纳建议将商业企业的盈利用于精神文化活动，莫尔特对此特别感兴趣。虽然办学的过程困难重重，有一些资助办学的企业今天仍然存在，比如维蕾德(他们的产品现在仍在很多有机食品店中销售)、阿莱士海姆诊所。当然，全球的华德福运动今天仍在蓬勃发展。

莫尔特见证了1922年歌德大殿的被毁，也出席了1925年斯坦纳的葬礼。1929年，华德福阿斯托利亚烟厂被出售，最后关闭。1920年，斯坦纳请求莫尔特直接负责推动三元社会秩序论为基础的社会变革。莫尔特不负众望，也经历了很多磨难。1921年，斯坦纳本人都很困惑，他怀疑华德福学校能否成功，但是莫尔特的长期努力得到了回报，他的名字将永远和华德福学校的建立联系在一起。他实现了斯坦纳以个人自由力量，采取主动的理想。

当斯坦纳离世时，德国已成立了第二所华德福学校，海牙一所，英格兰一所。华德福运动稳步发展，直到二战时希特勒关闭了所有的华德福学校（共16所），因为希特勒惧怕华德福教育试图培养的个人品质（自尊）和个体自由。

1933年，莫尔特的健康状况恶化。纳粹分子企图命令学校改变办学宗旨，但是遭到了教师们的一致拒绝。1936年6月16日，莫尔特病逝，所幸他没有看到学校被关的那一幕（1939年3月）。1946年，学校重新开放。

从一粒种子到参天大树

华德福运动的开始并不那么轰轰烈烈，但是现在已经影响到全球范围，而且社会对这种独特教育形式的需要一直在增长。在荷兰和德国这样的国家，每个城镇都有华德福学校。在其他地方，虽然家长对这种教育形式的需求不断增长，但是因为受主流教育和政治气候的影响，这些学校的发展受到了经济等其他实际问题的阻碍。

华德福学校在有些地方得到了政府全部或部分的资助，比如芬兰、新西兰、荷兰、德国和挪威。其他国家，比如英格兰，正在寻求资助的途径，当然，资助以尊重华德福的教学准则为前提。

令教师和家长感到灰心的是，华德福教育难以实现“融入社会”的理想。因为缺少政府的支持。很多学校和个人都努力寻求大胆创新的解决方案，他们甚至不惜牺牲个人利益。这些努力增强了我们的集体归属感，我们在物质上所缺失的，常常被我们坚不可摧的决心所补偿，我们决心为了孩子，努力推动华德福教育的发展。

国际化的、跨文化的华德福运动持续展示着它的创新能力，以及促进社会变革的能力。新千年来临的时候，在全球30多个国家，已有1500所幼儿园、780所学校、60个教师培训中心以及众多治疗机构。

第一所华德福幼儿园

幼儿园中以游戏和活动为主的生活，成年后将蜕变为对生活、工作和社会活动的热度，因为游戏中呈现的对行动的高度热爱会让我们受益终身。

——鲁道夫·斯坦纳致伊丽莎白·冯·格伦俄琉斯

斯图加特的第一所华德福学校没有幼儿园。第一所华德福幼儿园直到1926年，斯坦纳离世的第二年才成立。我们曾经认为斯坦纳本人在他的教育愿景中排除了幼儿教育，幼儿园是之后适应社会需求才出现的。事实恰恰相反，斯坦纳曾经公开表示，对缺少幼教设施的失望。

在他给第一批教师的讲座《人的研究》中，他表示：只有儿童经过了模仿的敏感阶段（出生至七岁）后，才可以开始认知教育。因为在这个阶段儿童被照顾的经历会对他产生深刻的影响。他还指出：家长和教师需要建立合作的关系以求更好地照顾孩子。这一直是华德福幼教的一个特质："只有家长也充分认识到当今的人类负有特殊的使命，即使是幼小的儿童也肩负着这种使命，我们的教育目的才能得以实现。"

在教室里的观察让斯坦纳认识到：到了入学年龄，在儿童健康发展的道路上可能已经存在很多障碍。他还特别提到儿童早期的体验对后来的发展阶段有着显著的影响。他疾呼："我们需要幼儿园！我们需要幼儿园！"在一次教师会议上，他做了如下陈述：

如果能让小孩子进入幼儿园的话，会更好。在幼儿园的时间越长越好。你不得不承认他们还没到入学的年龄。现在，我们的入学年龄和公立学校的入学年龄是一样的。但只有他们模仿的阶段结束后，我们才开始小学教育。如果我们可以接收一些孩子进行早期教育，那就太好了。早期教育适合年龄很小的孩子，当他们长大就没有必要了。

1921年，回顾了斯图加特学校的开始阶段后，斯坦纳总结道：

无论我以何种身份接近幼儿，作为教师、家长，或其他的身份，我们都感到特别强烈的责任感，我们需要理解人类生活的全部过程。因此，我一直感到特别的痛苦，我们只能接受合适年龄的孩子进入斯图加特华德福学校。如果年龄更小的孩子能进入华德福学校的话，我将会备感宽慰。抛开其他的困难，我们面临的是资金的困难，人智学运动一直被资金困难所阻挠。因为缺少资金，我们只能希望，如果华德福学校在未来得到认可的话，我们将建立幼儿园。（鲁道夫·斯坦纳，《灵魂经济和华德福教育》）

伊丽莎白·冯·格伦俄琉斯和第一所华德福幼儿园

1914年，鲁道夫·斯坦纳认识了伊丽莎白·冯·格伦俄琉斯，来自德国阿尔萨斯地区的一个19岁的姑娘。她正在和一群艺术家一起工作，其中包括斯坦纳本人，进行歌德大殿的木雕工作，她已经接受过幼儿教师的培训。她在歌德大殿待了18个月，一边工作一边参加斯坦纳的讲座，随后在柏林接受了深入的教师培训。

就在斯坦纳强烈感到需要将幼儿带入他的教育事业时，他想到了伊丽莎白。1920年，他邀请伊丽莎白和他一起组建幼教机构，发展幼教事业。华德福学校已经无法提供地点，也无法提供资助，因为所有的资金都用于筹建学校——即使如此，斯坦纳仍然反复强调幼教工作更为重要。

伊丽莎白·冯·格伦俄琉斯加入了教师学院，因为幼儿园的工作还没有开始，1920—1926年，她参与手工工作和助理教学的工作。她也曾经回到多尔纳赫一段时间，参与艺术活动——优律思美、创造性演讲、蜂蜡模型、绘画和人智学学习，为她未来的幼教工作做准备。

1924年，在赫伯特·哈恩的鼓励下，她在学校的附近建造了一个小木屋、一个沙坑和一个花园。然而，直到两年多之后，1926年的复活节幼儿园才开放，鲁道夫·斯坦纳注定无法见证这一幕，但是所有的教师必须肩负起重任，继续推进华德福教育运动的发展。

早期教育的基本原则

伊丽莎白·冯·格伦俄琉斯曾经和斯坦纳一起工作，共同完成了华德福早期教育的基本原则。早在1906年，斯坦纳在他的文章“儿童教育”中，已经指出了早期教育（出生到七岁）的两大关键词——模仿和榜样；他以不断加强的深度重复提到这些原则。他继而将儿童内在的自然态度描述为“身体崇拜”，在当时是很惊人的概念。他指的是儿童对身体运动的高度参与，和他们对周遭环境的开放心态。

他指出，信任是儿童早期所赋有的内在特质，成人需要为此承担责任。在被问及成人和儿童在一起需要注意的问题时，斯坦纳回答：教师首先应该考虑到，自己的一言一行都会被儿童模仿。第二个需要准备的方面是教师对艺术活动的参与，因为这将唤醒儿童特定发展方面的认识。

他特别强调蜂蜡塑形，蜂蜡对曲线的塑造有助于发展儿童对物质形状的敏感度；音乐将开发感觉的开放度；语言培训加强“我”和每个人类的联系。今天，所有的华德福教师培训都包含强烈的艺术元素，为了唤醒教师的艺术感觉。在伊丽莎白·冯·格伦俄琉斯的教学生涯中，她多次提到：这种培训形式无论对于教学还是教师的个人发展都有益。

伊丽莎白·冯·格伦俄琉斯后期的活动

伊丽莎白在斯图加特的幼儿园连续工作了12年，直到1938年学校被关闭。幼儿园的老师最后所剩无几，但是克拉拉·海特曼恩是个例外，他们因此建立了紧密的合作关系。

1940年，伊丽莎白受邀到美国金伯顿开办一所幼儿园，最终成为金伯顿农场华德福学校；她也帮助在阿德尔菲学院的校园里建立了一所华德福学校。1947年，她在休假的时候回到了德国，支持克拉拉·海特曼恩和几位德国及中欧国家幼儿教师的工作。1954年，她在法国的夏都岛建立了一所幼儿园，到此为止，她已经实践了用三种语言进行教学（德语、英语和法语）。

她开始积极地支持一些会议，这些会议帮助当时的幼儿教师深刻理解华德福的教育准则，在实践中发展华德福教育。1954年，她回到欧洲，很快从斯图加特搬到多尔纳赫。第一届国际华德福幼儿园会议于1951年在汉诺威召开，虽然不再直接从事教学工作，但她都积极参与了这些活动。1969年，国际华德福幼儿园协会的成立（参见第十章）获得了国际关注，她被任命为名誉主席。

最后的岁月

经过了33年的国际会议之后，1984年的复活节，国际华德福幼儿园大会在歌德大殿组织召开。伊丽莎白已经89岁了——当时仍然在世的最后一位华德福教育的先驱。这是一次富有历史意义的集会，她参加了所有的会议。汉诺威年会的参加者后来将近900位，她每次都送去她的祝词，最后她视力恶化时，她努力口授她的祝词。她最后的两年是在绍普夫海姆的家中度过的。一直到去世的前一年，她都在继续着她的艺术活动。94岁高龄时，在她去世的前两天，她最后一次访问了多尔纳赫——19岁时，她在那里开始了她作为华德福运动先驱者的卓越的工作。

早期教育和华德福学校计划（1950年）

1950年，伊丽莎白集中自己的华德福幼教经验，完成了著作《早期教育和华德福学校计划》，在美国出版。第二版于

1955年在英格兰出版，再版名为《教育孩子》。这本书探讨了华德福最为重要的教育准则：模仿和榜样，孩子对感官印象的敏感度和游戏的重要性。她将华德福早期教育分为三部分：

- 幼儿园应该保护孩子，让孩子免受我们“高智力时代”的不良影响。
- 华德福教育可以在任何地方发展，因为它对“广泛的、根本的人性”的理解。
- 华德福教育建立在这样的基础之上：教师个人的自我创造力可以得到发展。

伊丽莎白受到的最大挑战是：鲁道夫·斯坦纳无法指导第一所幼儿园，推进华德福幼教的发展。这也许意味着第一批华德福幼教师肩负更多的责任，也有更多的自由，去强化斯坦纳的教育准则。今天的教师们依然明白，既需要探索在我们生存的时代如何贯彻斯坦纳的基本准则——对我们工作的文化环境高度敏感，也需要根据所遭遇的具体情况，做出创造性的反应。

华德福教育者们不断的努力，和他们对斯坦纳思想的强化理解，使得这一运动取得了不断的进展，永远保持新鲜度和与时代的相关性。《孩子的教育》一书开篇醒目地写道：“我们这个时代具有这样的特征，人类的平均寿命越来越长，孩子的童年却越来越短。”这是第一位华德福幼儿教师在50年前的预言，在新千年到来之际，全球1500个华德福幼教机构的老师都面临着同样的新的挑战，那就是继续推进华德福运动的发展。

[第十二章]

鲁道夫 · 斯坦纳的生平（1861—1925）

· · ·

精神世界对于我来说是现实的，就像物质世界那样现实。

——鲁道夫 · 斯坦纳自传，1923

在前几章我们已经论述得很清楚了：华德福早期教育是全球华德福教育运动的一部分，华德福教育为三至十八岁的孩子提供非宗教的、综合的学习经历。奥地利科学家、哲学家鲁道夫 · 斯坦纳博士的哲学被称为“人智学”，来自希腊语的“anthropos”，意思是人类，“Sophia”意味着智慧——人智学努力揭示人类的生存之谜。华德福教育以及治疗教育现在是最广为认可的受到斯坦纳思想激励的教育活动。他的哲学也为特殊范围的具体活动提供了灵感——生物动力农业，医药，治疗，建筑，经济，社会工作和创造性表演艺术。

斯坦纳的早期生活

1861年2月27日，鲁道夫·斯坦纳出生于一个普通家庭，位于东西德边界非德语区的斯拉夫地区，这对他一生的工作有着重要的影响。他有一个妹妹和一个弟弟。他的童年是在一个小乡村度过的。他经历了数次极为偏激的思想斗争，成为他一生中注意力集中的焦点。

一方面，他深深沉浸在乡村的自然景色中，他在他的传记中强调了这些对他发展的影响。他在农场干活，在森林里漫游，沉醉于自然环境的平静美好。另一方面，他通过父亲的铁路工作接触了技术、工业和科学。自然和科学，是他终生的兴趣所在。

这种强烈的对比使得他产生了另一种兴趣。他从很小的时候就意识到很多的人类经验超越了物质现实。科学物质所呈现的有形世界和无形的精神世界激励了他对内在和外在的体验，以及人类发展整体性的兴趣。一直到青春期早期，他都生活在不安中，因为他无法清楚地表达自己对精神世界的体验。13岁的时候，他对科学和数学很感兴趣，也正是在学习几何的过程中，他经历了精神上的“突破”。一个教师借给他一本关于几何的书。通过这本书，他发现几何形状不存在于外在现实中，而是大脑产生的，与外部的感官体验无关；但是人可以确认他们的存在。这些经历让他开始理解内在心灵空间的存在。他感到他现在能够对他的精神世界体验做出解释，他能区分出可感觉的，可见的，不可感觉的，不可见的物质。他将这种释放形容为他第一次真正地体验幸福。他迈出了第一步，开始讲述对“所有人不可见”的精神世界的体验，这注定是他的使命。

除了自然和科学，他的青年时代也受到了其他影响——这些影响继续成为他生活的主题。那位给了他几何知识启蒙的教师同样给他介绍了艺术表达。乡村生活富有行为准则，他注意到了那些等级制度。父亲对政治的浓厚兴趣和铁路工人同事参与的那些政治辩论，使得政治进入了他的生活。

后期的影响

他后来搬到维也纳接受高等教育。他对自然科学、物理、化学和哲学的兴趣进一步增强。在那时，学术世界遍布着达尔文的进化论，斯坦纳的内心则纠结着两大问题——如何调和占主导优势的科学进化论和人类精神特质的矛盾，如何将科学探索方法应用于精神研究中。

22岁时，他在约翰·冯·席勒的工作中发现了另一种思路，可以推进他的思想，他认为席勒在努力为一种可接受的令人鼓舞的人类形象做出奉献。席勒认为人性一方面被感官世界，或感官体验影响，另一方面被理性的逻辑法则，或心智体验影响。

他假定了一个中间的意识状态，他称之为“审美秉性”，而这种状态不会让步于感官体验或者心智体验——于是给物理现实带来了精神本质。斯坦纳不停地强调在教育的过程中重视艺术特质的培养，以抵消学习过程中纯粹的认知方法的负面影响，给儿童的发展带来道德维度。

斯坦纳在自传中披露了他在维也纳大学的经历，二十多岁的他，充满了文化活力，开始显示出惊人的智力水平。他的很多思想动力的根源都来源于这段生活。他和卡尔斯·洛尔，一位人类学教授结下了深厚的友谊，后者引导他对约翰·冯·歌德产生了终生的兴趣。在教育领域，15的岁他可以辅导威纳·诺伊斯塔特高中的同学，他在科技大学研修高中教师培训，主修数学、自然史和化学。在维也纳，他辅导一个有着严重的学习和行为障碍的十岁男孩子，这个男孩子后来成为一名医生。这些构成了斯坦纳非常重要的成长经历。

几段伟大的友谊激发了他对哲学的兴趣，他将他重要而伟大的著作《自由的哲学》归功于这些珍贵的友谊。他参与的文化和智力活动伴随着他对人类天性和进化的灵性观点的深化和阐明。

1890—1897年，斯坦纳居住在维也纳，整理歌德手稿的同时，开始接触自然学家恩斯特·海克尔的思想。1897年，他搬到柏林，开始了最重要的人生阶段。他和寡居的安娜·优耐克结婚了，安娜于1911年去世。

后来，他成为一家文学杂志的编辑，在工人学院开办讲座，讲授关于政治和社会的问题——这些思想后来再现于他倡导的三元社会秩序论中（参见第十一章）。

人智学社区的建立

在这段时间，斯坦纳遇到了神智学者。在维也纳和魏玛，他与他们都有过接触。但是他和他们关于灵性的观点不一致，特别是印度的灵性传统。他们中的有些人被斯坦纳的观点所吸引，特别是玛丽亚·冯·西维尔斯，她成了他的第二任妻子。她鼓励他探索一条精神之路，满足西方文化的真实需求，同时保留东方宗教的深度。

斯坦纳接受了神智学社区歌德分部秘书长一职。他努力为社区的成员奉献自己，但是他关于自由的观点和发展伦理个人主义（被道德责任平衡的个人自由）的主张并没有被他们接受。但是在这段时间，作为一个演说家，他声名鹊起，开始接受邀请在欧洲的城市进行演讲。

他在柏林的岁月见证了人智学三大基本文本的出版——《通神论》《神秘科学》和《更高世界的认识》。玛丽亚·冯·西维尔斯负责演讲稿的整理出版工作。斯坦纳注定要给西方文化的精神生活带来新的思考。然而，在神智学社区任职一事给他带来了不可避免的困难，尽管他从开始就坚持，但是他很难保持他的独立性。

因为很多观点的不一致，斯坦纳最后离开了神智学社区，于1913年2月2日，和一些国际成员成立了人智学社区。这个社区的中心——歌德大殿——设在多尔纳赫，接近瑞士的巴塞尔。这里现在仍然是国际人智学中心。

积极的实践

随着一战的爆发，斯坦纳对于社会问题忧心忡忡，努力寻求办法，应对即将来临的战争混乱。他在三元生活秩序论中所倡导的社会改革，在当时没有得到强有力的支持，直到1921年才引起关注。然而，这些努力为他最珍贵的遗产——全球华德福教育运动——播下了种子。

斯坦纳工作中的另一个“极端”也值得我们思考。他对物质的和精神的，内在的和外在的，有形的和无形的世界的浓厚的兴趣在他的很多创造性活动中得到了表达，而这些活动源自他那鼓舞人心的愿景。那些固有的追寻精神发展的人智学思考，经常会在外在实践活动中找到表达。对初次接触华德福教育的人来说，一长串成果可能是华德福教育最突出的特点。在共同的灵感源泉的基础上，人智学积极地为当代的新需求寻找创造性的回应，在不同的文化中找到新的表达形式。在农耕、医药、疗愈、治疗教育、经济、艺术工作和社会活动中，越来越多的人一起努力，给予人智学新的外在形式，以求对人类共性的理解。

因为章节有限，我们无法详细阐述斯坦纳的哲学思想，也无法详述他众多的社会活动；无论我们如何定义斯坦纳的人生，都很难不被他的生平深深打动：一个出身卑微的孩子，在他64岁离世时，已经为一场全球性教育运动打下了基础，75年之后，新千年到来之际，华德福教育依然在成长，同时寻求新的方法应对现代社会中最紧迫的问题。